【編著】夏目深雪

飛躍するインド映画の世界

The world of Indian cinema is on the rise

PICK UP PRESS

インド映画の男優たち

Prabhas
プラバース

『SALAAR／サラール』公開中

SALAAR／サラール

将軍(サラール)なるプラバース

プラバースの『サーホー』(19) 以来の日本劇場公開作品は『SALAAR／サラール』(23)。サラールとは将軍のこと。『K.G.F』シリーズ (18・22) のプラシャーント・ニール監督とのタッグと聞けば、嫌でも期待は高まった。ヤシュをスケールの大きい暗黒の帝国の王に仕立て上げたプラシャーント・ニール監督は、プラバースをどう料理するのか。

重量感のある体格と優しそうなルックスのギャップが、『バーフバリ』シリーズ (15・17) の貴種流離譚の行き着く先としての「王」のイメージにぴったりだったプラバース。『サーホー』では洒脱にそのイメージを「警察官」→「犯罪者」→「首領」と揺さぶった。『SALAAR』のヒーロー、デーヴァは母親との訳アリそうな関係がミステリアス。マザコンなのは『バーフバリ』でもそうだったな……などと思っていると、突然母親から禁じられていた暴力を解禁されて暴れ始めた！

プラシャーント・ニール監督のアクションは、リアルなアクションではなく、省略の妙。プラバースが刀を振り切ると次のシーンでは相手は宙に舞っている。『K.G.F』と同じと言えばそうなのだが、出自や過去が明らかになっていないミステリアスなデーヴァのキャラ、そしてセクシーさではヤシュに適わないかもしれないが、重量感や風格では買っているプラバースがやるとまた違う凄みがある。さらに、決して多くないアクションシーンの最初の2つが、いずれも女性を助けるためだというのが嬉しい。最初は母親が教師として雇っていたアディヤが男たちに連れ去られそうになった時、次は凧が落ちた家の娘を凌辱するというおぞましい風習を目の当たりにした時。『バーフバリ』の妻にセクハラした男の首を斬り落としたシーンの興奮がつい蘇ってしまう。

そう、暴力シーンは凄惨な『SALAAR』だが、暴力の根底に虐げられてき女たちの怒りが伝染した媒介としてのプラバースの存在が感じられるので、なんだか後味は清々しい。終盤の暴力は唯一無二の親友、ヴァラダを守るために爆発するのだが、その後にデーヴァの意外な出自が明らかになる！ でもそれじゃ今までと同じじゃん……と思いつつ、『バーフバリ』や『サーホー』のイメージをぐるぐる廻りながらプラバースを堪能するのが、もう圧倒的に正しいような気もするのだった。早くPART II公開して！

夏目深雪

SALAAR

シャー・ルク・カーン
Shah Rukh Khan

『PATHAAN ／パターン』

『ヤマドンガ』

NTRジュニア

N T Rama Rao Jr.

ラーム・チャラン

Ram Charan

『ザ・フェイス』© Sri Venkateswara Creations

© Mythri Movie Makers『ランガスタラム』

『K.G.F:CHAPTER 1』

ヤシュ

Yash

リティク・ローシャン

Hrithik Roshan

『バンバン!』

飛躍するインド映画の世界

【編著】夏目深雪

飛躍するインド映画の世界 CONTENTS

カラーグラビア　インド映画の男優たち——002

第1章　コレを観るべき！インド映画新作・注目作26本

第2章 特集『RRR』とは一体何だったのか

第3章

地域研究から見たインド映画

【凡例】

❀作品タイトルの後ろの二桁の数字は製作年を表している。

❀作品タイトルは、劇場公開作品は上映時のもの、配信されたものは配信時のものを記載。映画祭や特集上映で上映されたものも上映時のものが原則だが、ソフトが発売されたものはそのタイトルを優先するなど、読者の利便性を優先し記載している。

❀未公開作品でソフト未発売、配信もされていないものは原題を記したうえで未と記している。訳せるものは日本語逐次訳を併記している。

❀人名表記については、第一章の作品データと作品紹介は公式サイトなど配給会社が公開時に発表したものに準拠している。一部全体で統一しているものもある。第一章でもコラムや、他の章では原語の発音に近い表記等、著者の意向を優先している。

第1章

コレを観るべき! インド映画 新作・注目作 26本

❁❁❁

南インド映画への注目が集まっている。
『RRR』のNTRジュニアと
ラーム・チャランの過去作品の
公開も相次いだ。
テルグ語映画だけでなく、
カンナダ語映画『K.G.F』が注目され、
個性的なマラヤーラム映画、
タミル語も新人監督から
マニラトナム監督のような大御所
の作品まで幅広く公開された。
『グレート・インディアン・キッチン』、
『燃えあがる女性記者たち』など
フェミニズムがテーマの作品も
新しい動きだ。
北インド映画だって負けていない。
『ブラフマーストラ』と
『PATAAN／パターン』の二作で
ゴージャスなインド映画の楽しみ方を
再確認させてくれた。
面白いだけでなく、今のインドを
感じることができる——
そんな26本をピックアップした。

ヤマドンガ

Yamadonga

山下博司

現世と地獄を舞台とするファンタジー・アクションコメディ。『ヤマドンガ』は「閻魔さまの盗人」というほどの意味。

主役を演じるのはNTRジュニア。テルグデーサム党を興し、アーンドラ・プラデーシュ州の首相に昇りつめた名優NTR（N・T・ラーマラオ）の孫である。脚本と監督は『バーフバリ』二部作（15・17）のS・S・ラージャマウリ。原案は『バーフバリ』『RRR』の原案も手がけたV・ヴィジャエーンドラ・プラサード。ラージャマウリ監督の父で現職の国会議員でもある。N・T・ラーマラオ主演『Yamagola』（77未）などから着想を得て原案が構想された。本作と同様、主人公がこの世とあの世を股にかけて活躍する作品である。音楽のM・M・キーラヴァーニ、撮影のK・K・センティル・クマールなど、ラージャマウリ監督の信任篤いスタッフが揃った。衣装デザインは、同監督の妻で、『バーフバリ』などテルグ語映画界で活動するラーマ・ラージャマウリが務めた。

孤児として生まれたラジャは、泥棒や詐欺で生活している。ある日、悪漢に狙われる娘を救ったところ、以前彼を慕っていた美女マヒであることを知る。任務を終えたラジャが報酬をもらいに依頼主を訪れると、急死していて努力も水の泡に。やけ酒を飲み、正義を司るヤマ神に悪態をつく。ヤマは死神の閻魔大王を指す。ラジャの雑言にヤマ神は激高し、ラジャを冥界送りにする策を練る。一方のラジャは、保護下のマヒを人質に、プラサード家に身代金を要求する。一家は高額な身代金にひるみ、ラジャを殺害する。ラジャは地獄行きになるが、死んでもただで起きない。ヤマ神が不在の時、死神の象徴「縄」を盗んで冥界の王位を奪ってしまう。二人の威信と覇権をかけた争いは、意外なクライマックスへともつれ込んでいく。

❀2007年
❀テルグ語
❀178分
〔**監督・脚本**〕S・S・ラージャマウリ
〔**音楽**〕M・M・キーラヴァーニ
〔**出演**〕NTRジュニア／モーハン・バーブ／プリヤーマニ／マムター・モーハンダース

作品中の地獄ナラカは「奈落」という名で日本語でもおなじみ。ヤマ神は、縄で人を絡めとり地獄に送る神である。この神がインド映画に現れることはめったにない。その意味で本作はユニークな作品だが、インド映画とヤマ神は実は深い関係で結ばれている。マニラトナム監督の大ヒット『ロージャー』(92)は、新婚の妻が、テロリストに拉致され命の危険に晒された夫を救出すべく、獅子奮迅の活躍をして再会を果たす物語だが、下敷きにヒンドゥーの大叙事詩「マハーバーラタ」中の「サーヴィトリー物語」がある。こう筆者に教えてくれたのは友人のK・ハリハラン監督だ。その古典物語は、新婚の妻サーヴィトリーが、結婚後一年で死ぬ定めにあった夫が運命の日に昏睡状態に陥った時、縄で冥界に連れ去ろうとするヤマ神に機知を利かせて必死の訴えを連ね、ついに夫を蘇らせるというものである。このように、インド神話のプロットがインド映画に潜んでいることが少なくないのである。本作に着想を与えた『Yamagola』も「サーヴィトリー物語」が伏線にある。

地獄シーンなど主要部分は、ハイダラーバードのラモージ・フィルムシティで大規模なセットを組んで撮影された。ヤマ神の宮殿の華美できらびやかな様子は、観る者の目を奪う。同市の古跡・ゴールコンダ砦でのダンスシーンもある。森の場面はアーンドラ・プラデーシュ州南部・タラコナの森で撮られた。テルグ語のオリジナル版が二〇〇七年夏に封切られ、タミル語版は『Vijayan』(未)のタイトルで二〇一九年に公開され、ヒンディー語版とオディヤ語版のDVDもリリースされている。

批評家の反応は好意的で、客の入りも良好だった。二億九千万ルピーにおよぶ配給収入を記録し、二〇〇七年公開のテルグ語映画でもっとも成功した作品の一つとなっている。NTRジュニアはフィルムフェア賞(テルグ語部門)の主演男優賞を受賞。本作は、ラージャマウリ監督の諸作品の中で、コメディーとファンタジーの側面を強化したものであり、監督の才能の多彩さを知らしめるものとして特筆される。

ブリンダーヴァナム　恋の輪舞

BRINDAVANAM

山下博司

歌や踊り、笑いやアクションを盛り込んだファミリーコメディ。テルグ語映画界で屈指の興行成績を収め、主役を務めたNTRジュニアにとっても、それまでの俳優人生で最大のヒット作となった。

富豪の息子クリシュには恋人インドゥがいた。インドゥの女友達ブーミの父バーヌは、娘と従兄との結婚を画策している（南インドではいとこ同士の結婚が珍しくない）。恋人の存在を盾に縁談を阻みたいインドゥはクリシュにブーミの恋人役を演じてくれるように頼む。求めに応じてクリシュはブーミとともに彼女の実家、ブリンダーヴァナムという名の邸宅に赴く。クリシュは正体を隠して振る舞うが、周囲が二人の結婚に前向きになるだけでなく、ブーミもクリシュが好きになってしまうなど、混乱を極めていく。苦しい時の神頼み、クリシュはクリシュナ神にまで助けを請うのだが……。

脇役として、『ランガスタラム』（18）でラーム・チャランと共演したサマンタがインドゥを、同じくプラカーシュ・ラージがバーヌを、『マガディーラ 勇者転生』（09）での好演が印象的なカージャル・アガルワールがブーミ役を演じている。また、NTRジュニアの祖父、名優N・T・ラーマラオがクリシュナ神としてカメオ出演している（もっとも、故人ゆえにコンピュータで加工を施しての登場ではあるが）。監督はヴァムシー・パイディパッリ。助監督を振り出しに映画界入りした彼にとって、本作が出世作になった。

撮影にあたって、ハイダラーバード郊外に豪邸のセットが組まれた。クリシュナ神が住む地上の楽園ブリンダーヴァナムを模して、贅を尽くして造られたものだが、撮影後ただちに取り壊されている。本作は、異なるキャスティングでオディア語、ベンガル語、カンナダ語、マラーティー語、ボージプリー語でリメイクされている。

❀2010年
❀テルグ語
❀170分
［監督］ヴァムシー・パイディパッリ
［出演］NTRジュニア／サマンタ／カージャル・アガルワール／プラカーシュ・ラージ

NTRジュニア

NTRジュニアは、1983年、ハイダラーバードでテルグ映画界きっての映画一族に生を享けた。テルグデーサム党を立ち上げ、アーンドラ・プラデーシュ州の首相を務めた俳優N・T・ラーマラオ（1923〜96）の孫に当たる。祖父はクリシュナやラーマの役どころでスターダムにのし上がったのちに政治家としても昇りつめたカリスマ性の強い人物。父も元俳優で一時期上院議員を務めていた。神さま役でならした一族ゆえ、クリシュナ神として子役デビューした父のように、彼自身もラーマ神の弟役でデビューを果たしている。プレイバックシンガーや伝統舞踊クチプディのダンサーとしても認知されたマルチタレントでもある。

彼がヒット作に名を連ねるようになるのは、デビューから10年ほど経った2002年ころからで、アクション映画の『Aadi』（02）や『Simhadri』（03）で一躍評価を高めた。とくに後者は、ラージャマウリ監督との2作目で、テルグ語映画で当時最高の興行収入を記録しており、同監督との第3作『ヤマドンガ』（07）のヒットへと繋がっていく。コメディータッチの『ブリンダーヴァナム 恋の輪舞』（11）などを除いてヒット作に恵まれない時期があったものの、ラージャマウリ監督の最高傑作『RRR』（22）で決定的な成功を手にし、押しも押されぬテルグのトップスターの座を射止める。ダブル主演したラーム・チャランとともにダンスバトルシーンでキレのいい踊りを披露していたことは記憶に新しい。

成功したインドの映画人の常として、社会福祉活動にも積極的で、水害の被災者に義援金を拠出したり、突発事故で犠牲になったファンの家族に手厚い援助もおこなっている。（山下博司）

『ヤマドンガ』

N.T.Rama Rao Jr.

バンバン！

BANGBANG!

高倉嘉男

『WAR ウォー!!』(19)のシッダールト・アーナンド監督はもともとロマンス映画からキャリアをスタートしたものの、現在ではヒンディー語映画界最高峰のアクション映画監督として引く手あまたになっている。そのアーナンド監督が初めて撮り、大ヒットしたアクション映画が『バンバン！』だ。インド本国では『バンバン！』は『WAR』の前に公開されたが、日本ではこちらの方が後に公開されている。

本作品はトム・クルーズとキャメロン・ディアス主演の米アクション映画『ナイト&デイ』(10)の公式リメイクである。インド版の主演は、インドを代表する美男美女スター、リティク・ローシャンとカトリーナ・カイフだ。この二人の共演は『人生は二度とない』(11)以来となる。『バンバン！』がわざわざ掘り起こされて公開された理由として、日本においてリティクとアーナンド監督の人気急上昇が挙げられる。

物語の大まかな流れは『ナイト&デイ』と同じだ。どちらの作品の筋書きも、田舎町で平和だが退屈な日常生活を送っていた女性がある日偶然にミステリアスな男性と出会って事件に巻き込まれ、一転してスリリングな人生に身を投じることになるというものである。しかしながら、オリジナルを観た人でも『バンバン！』は十分に楽しめる内容になっている。むしろ、原作と見比べることで、インド映画がどんな価値観を重視しているのかが浮き彫りになって興味深い。アーナンド監督が追加した要素がそのままインド映画として重要な要素として浮かび上がるのである。

すぐに分かる違いはダンスシーンだ。『バンバン！』には合計四曲のソングシーンがあり、その内の三曲はダンスナンバーだ。特に前半、リティク演じるラージヴィールとカトリーナ演じるハルリーンのロマンティックな出会いを演

❀2014年
❀ヒンディー語
❀156分
[監督]シッダールト・アーナンド
[音楽]ヴィシャール=シェーカル
[出演]リティク・ローシャン／カトリーナ・カイフ／ダニー・デンゾンパ

出する「Tu Meri（君は僕のもの）」は、リティクの類い稀な運動能力が遺憾なく発揮されたダンスシーンとなっており、以前から日本のインド映画ファンの間では有名だった。

『ナイト&デイ』は架空の永久エネルギー電池「ゼファー」を巡る攻防だったが、『バンバン！』ではそれは、英領時代にインドから英国に奪われたダイヤモンド「コヒヌール」に置き換わっている。コヒヌールは歴史上もっとも数奇な運命を辿ってきた実在するダイヤモンドであり、インド、イラン、アフガニスタンなどの支配者の手を転々としてきた。映画での説明通り、現在は英国王室の王冠にはめ込まれている。『バンバン！』はインド人にとってよりリアリティーのあるストーリーに進化している。

家族の要素が追加されていることも重要な相違点である。『ナイト&デイ』にも一応家族の要素はあったものの、『バンバン！』ではそれが増幅または新規追加されている。たとえば『バンバン！』には、オリジナルにはなかった兄の仇討ちという要素が加わっている。エンディングも方向性が異なる。『ナイト&デイ』のエンディングでは主役の二人は米国からビンテージカーで南米最南端を目指すという「旅立ち」になっている一方、『バンバン！』では家族との再会という「帰郷」で締めくくられている。家族を何よりも大事にする傾向にあるインド人の琴線に触れるのは、やはり『バンバン！』の方であろう。

オリジナルではアクションシーンに力が入っていたが、『バンバン！』にもそれに勝るとも劣らないアクションシーンが満載である。たとえば、中盤にリティクがフライボードを乗りこなして海と空を自在に往き来し敵を蹴散らすシーンがある。これは二〇一二年に誕生したばかりの最新のマリンアクティビティーで、映画撮影に使ったのは世界でリティクが初とされている。アーナンド監督はこういうところでもしっかり見所を用意しているのである。ちなみに、オリジナルで有名なバイク二人乗りシーンはそのまま踏襲されていた。是非オリジナルと併せて楽しんでもらいたい。

バンバン!

リティク・ローシャン

1974年1月10日、ボンベイ（現ムンバイ）生まれ。ヒンディー語映画俳優。『Kaho Naa... Pyaar Hai〔言って…愛してるって〕』（00未）でのデビュー以来、20年以上トップスターの座に君臨している。もう50歳になるが、未だにその座を誰にも明け渡していない。

映画監督のラーケーシュ・ローシャンを父親に、音楽監督のラージェーシュ・ローシャンを叔父に持つなど、有力な映画一家に生まれ、幼い頃から映画撮影の現場に親しみ、子役での出演も経験してきた。

親の七光りは彼の俳優デビューに有利に働いただろう。インド人離れしたルックスも女性ファンの獲得に大きく寄与してきた。だが、決して万事順調ではなかった。幼い頃はどもり症や右手親指が2本ある多指症に悩み、20代には脊椎側彎症も患って、俳優の夢を諦めかけたこともあった。彼は逆境をもチャンスに変え、人一倍努力をしてきた。

元々得意だったダンスを磨き上げ、トップダンサーとしての名声を勝ち取った。早くから肉体改造にも取り組み、「ギリシャ彫刻」と賞賛される肉体美を作り上げた。さらに、訳ありの役柄にも果敢に挑戦し、器用に演じ切ってきた。

日本でも人気急上昇中で、彼の最近の出演作は好んで劇場一般公開されている。『家族の四季 愛すれど遠く離れて』（01）、『人生は二度とない』（11）、『クリッシュ』（13）、『バンバン!』（14）、『スーパー30 アーナンド先生の教室』（19）、『WAR ウォー!!』（19）、『ヴィクラムとヴェーダ ヒンディー版』（22）などが日本で公開済みだ。

実は『バーフバリ』シリーズ（15・17）の主演も当初はリティクが想定されていた。だが、売れっ子すぎて時間が取れず、代わりにプラバースに白羽の矢が立てられた。

（高倉嘉男）

『スーパー30 アーナンド先生の教室』

Hrithik Roshan

ザ・フェイス

ラーム･チャラン

ラーム・チャランは、メガ・スターと称される俳優チランジーヴィーを父とし、有名コメディアンの娘を母として、1985年3月27日、タミルナードゥ州チェンナイで生まれた。2012年、チャランはアポロ・ホスピタル・チェーンのCEOの娘と結婚し、2013年に長女が誕生している。

チャランは、メガ・パワー・スターと称され、インド映画で最も出演料の高い俳優の一人である。デビュー作『Chirutha』(07)、第2作『マガディーラ 勇者転生』(09)の成功が彼をスターに押し上げ、チャランの写真がグリコのパッケージに採用されるきっかけを作る。『Orange』(10)では、チャランはオーストラリアに住むNRI(インド国籍をもつ在外インド人)の青年を演じ、繊細な演技で新境地を開拓する。2012年以降コンスタントに映画に出演し、順調にキャリアを重ねていく。代表作『ランガスタラム』(18)では難聴の青年を見事に演じた。『RRR』(22)は彼の名を世界的に有名にした。

チャランは起業家としての顔をもつ。乗馬の趣味を生かし、2011年、ポロチームのオーナーとなった。2013年、航空会社(ターボ・メガ・エアウェイズ)の設立に関与し、2016年には、自分自身の映画製作会社コニデラ・プロダクション・カンパニーを興した。2023年、制作会社Vメガピクチャーズの設立を発表した。

チャランは、南インド・ヒンドゥー教の神であるアイヤッパンの熱心な信者として知られ、2008年からアイヤッパン・ディークシャー(特定の宗教儀礼)に参加している。喧騒から離れたスピリチュアルな生活は、多忙を極める日常から心の平安を取り戻すデトックス休暇になるそうだ。(岡光信子)

『ランガスタラム』
©Mythri Movie Makers

Ram Charan

ザ・フェイス

Yevadu

夏目深雪

顔の取り換えというプロットは映画の機能を悪用したような禍々しさがある。そもそもフィクション映画とは俳優が役を演じるものであり、ほとんどの場合、AがA'を演じるのである。そのズレや揺らぎは、映画の観客にとっては馴染みがあり同時に、それこそが映画の快楽と言ってもいい。例えば『SANJU／サンジュ』（18）にて、実在のサンジャイ・ダットにランビール・カピールがどこまで肉薄したか、または純粋なフィクション映画でも、主演の俳優の評価が映画のそれに直結するのである。そもそもが揺らぎがある「映画における顔」において、「取り換え」という事象が起きることによって、今度はAがB'を演じるという事態が起きる。その眩暈のするような逸脱を恐らく初めて表現したのが『フェイス／オフ』（97）であった。四半世紀前の映画であるが、顔の取り換えが表面の皮を剥いでそれをくっつけるというのが禍々しさを加速させていた。また、顔を取り換えた二人が、片やテロリストで片やそれを追うFBI捜査官という設定も、それを利用して、テロリストがFBI捜査官の妻と寝てしまうという展開もエグい。そもそも、善人／悪人の中身が入れ替わってしまうという設定ほどスリリングなものはないだろう。

インド映画の場合、『フェイス／オフ』が切り開いたその魅惑的な道（『WAR ウォー!!』（19）くらいしか引き継いでいないのは寂しい限りだが）の他に、生まれ変わりという王道がある。輪廻転生の考えに基づいたその王道は、（それもインド映画の王道である）復讐と結び付いて、『恋する輪廻 オーム・シャンティ・オーム』（07）や『バーフバリ』二部作（15・17）など様々な傑作を生み出してきた。ラーム・チャランも、輪廻転生の設定を生かしたラージャマウリ監督の傑作『マガディーラ 勇者転生』（09）で高い評価を受け、テ

❁ 2014年
❁ テルグ語
❁ 166分
［監督］ヴァムシー・パイディパッリ
［出演］ラーム・チャラン／アッル・アルジュン／カージャル・アガルワール／シュルティ・ハーサン

ルグ語映画界のスター俳優の地位を確立した。

そのような前提で『ザ・フェイス』を観ると、感慨深いものがある。サティヤは恋人のディープティと結婚を考えていたが、地元のギャングが彼女を付け回す。二人は逃げようとするがバスが襲撃され、ディープティは殺されサティヤは顔に大やけどを負いながらも生き延びる。整形手術で新しい顔に生まれ変わったサティヤはラームと名を変えるが、自分が誰かに間違われていることに気付く……。

ラーム・チャラン目当てで観に行った人も多かっただろうに、当初の主役が彼じゃないのに驚いた人も多いのではないか。筆者もそのクチである(サティヤはラーム・チャランの従兄弟であり、『プシュパ 覚醒』[21]で主役を演じたアッル・アルジュンが演じている)。でもだからこそ、整形手術にてラーム・チャランの顔に生まれ変わるところは感動がある。また、マフィアの親分ダルマの手下たちや、スラムの住民たちがラームの顔を見て驚くところも、なんとも言えない喜びがある。特に後者、住民たちの反抗の象徴であった大学生チャランが、人々の中で蘇っていく終盤のシーンはこの作品の白眉である。

「顔の取り換え」が不本意なものだったのは『フェイス/オフ』と同じだが、自身の顔を取り戻す『フェイス/オフ』と違い、ラームは新しい顔のまま、チャランと見なされたまま生きることを選ぶ。そこにこの映画の独自性がある。復讐が終わり、サティヤ自身も第二の人生を生きることを自ら選ぶのだ。そこはスラムの住民たちの尊厳と暮らしを守るため、自らが犠牲になったチャランの遺志を受け継ぐという意味もある。輪廻転生の考えに基づいた「生まれ変わり」とは違うが、ラーム・チャランというスターが持つ少しダークなカリスマ性はちゃんと生かされている。サティヤの生とチャランの生が、ラームという器の中で溶け合うのだ。

テルグ語映画のトップスター、ラーム・チャランの中期の傑作というだけではない、視覚芸術であり、俳優による芸術である以上、最も重要な要素である「顔」についての優れた考察でもある作品である。

Dil Dhadakne Do

鼓動を高鳴らせ

高倉嘉男

兄と弟、兄と妹の物語を描いたインド映画は多いが、姉と弟の物語は意外と少ない。おそらく、男性中心のインド映画界において、男性主人公に姉という高位の存在がいる設定は少々格好が悪いのであろう。

映画業界においても姉弟の取り合わせは珍しい。その中でも著名な詩人・脚本家ジャーヴェード・アクタルを父に持つゾーヤー・アクタルとファルハーン・アクタルは、姉弟でヒンディー語映画界を牽引しているレアなケースだ。姉のゾーヤーはヒンディー語映画界を代表する女性監督であり、弟を主演にして『人生は二度とない』(11)などを撮った。弟のファルハーンは監督・俳優・ミュージシャンとして活躍する多才な人物で、彼の監督作『闇の帝王DON ベルリン強奪作戦』(11)や主演作『ミルカ』(13)は日本で公開済みだ。

おそらく自分たち姉弟に着想を得たのだろう、ゾーヤー監督が姉弟関係を軸にして作ったオールスターキャストのファミリードラマ映画が『鼓動を高鳴らせ』だ。

今回、ファルハーンはプロデューサーと台詞作家を務めた上に特別出演もしているが、主役ではない。主なキャストは、アニル・カプール、プリヤンカー・チョープラー、ランヴィール・シン、アヌシュカー・シャルマーなどである。

物語は主に地中海を航行する豪華クルーズ船上で展開する。一代でAYKA社を大企業に育てた実業家カマル・メヘラは、妻との結婚三〇周年を祝い、親族や友人たちを招いて約二週間に及ぶ豪勢なパーティーを開く。しかし、この招待旅行の裏には下心があった。AYKA社は実は倒産の危機に直面しており、カマルは御曹司のカビールを、ライバル会社の社長ラリト・スードの娘ヌーリーと結婚させ、彼から資金援助を引き出して財政難を乗り越えようとし

❁2015年
❁ヒンディー語
❁173分
[監督]ゾーヤー・アクタル
[出演]アニル・カプール/プリヤンカー・チョープラー/ランヴィール・シン/アヌシュカー・シャルマー/ファルハーン・アクタル

ていた。

だが、カビールはクルーズのディナーショーで踊りを踊るダンサー、ファラーに恋してしまう。ヌーリーも別の男性と恋に落ちる。しかも、カビールの姉アイシャはクルーズ中に夫との離婚を切り出す。結婚三〇周年を祝うはずだったクルーズ旅行はメヘラ家をバラバラにしそうになる。しかしながら、アイシャとカビールの姉弟関係だけは強固であり、彼らはお互いに助け合いながら最善の着地点を模索する。

おかしいのは、これら家族関係のゴタゴタを飼い犬のプルートが冷静な眼差しで観察し、ナレーションをすることだ。インド版「吾輩は猫である」といえる。ちなみに、『きっと、うまくいく』(09)のアーミル・カーンがプルートの声を担当している。

登場人物は多く、人間関係は複雑だが、ストーリーテーリングが巧いために筋を追いやすい。ゾーヤー監督の過去の作品にはどちらかというと男性目線の映画が多いのだが、この映画では男女のバランスが取れており、どちらの立場から観ても楽しめる。それに加えてトルコのイスタンブール、エフェソス、カッパドキアなどの美しい風景がうまく映画に取り込まれている。おかげでトルコはインド人観光客に人気の国になった。

インド映画の最大の特徴であるダンスシーンにも注目だ。中盤のハイライトであるダンスシーン「Gallan Goodiyan（楽しい会話）」は約五分あるが、最初から最後までワンカットの長回しで撮影するという離れ業をやってのけている。タイトルソング「Dil Dhadakne Do（心臓を高鳴らせ）」は、歌が得意なファルハーンとプリヤンカーが自ら一緒に歌っていて話題性がある し、アヌシュカーがプリヤンカーと共にスイングを踊る「Girls Like To Swing（スイング好きな女の子）」もキャッチーだ。

何より、アクタル姉弟の仲の良さが光る作品で、映画中で祝われたメヘラ夫妻結婚三〇周年は、実は二人の姉弟関係三〇周年ではないかと勘ぐりたくなるほどだ。

バジラーオとマスターニー

Bajirao Mastani

高倉嘉男

『デーヴダース』(02)や『パドマーワト 女神の誕生』(18)などで知られるサンジャイ・リーラー・バンサーリー監督は、独特の美学や世界観を視覚化し、スクリーン映えする映像美を創造することに長けている。彼の新作は常に話題になり、そのたびにインド映画の美的スタンダードが引き上げられてきた。バンサーリー作品には時代を代表する美女が起用されることでも有名で、女優たちは一生に一度は彼に主演作を撮ってもらいたいと願っている。

　バンサーリー監督が『パドマーワト』の前に作ったのが『バジラーオとマスターニー』である。今回彼が主題に選んだのは、マラーター王国の英雄バジラーオ一世。マラーター王国の創始者シヴァージーではなく中興の祖であるバジラーオを主役に据えたのは、ロマンスに力を入れたかったからであろう。

　マラーター王国は一七世紀にデカン高原で興った王国である。王は「チャトラパティ」と呼ばれたが、一八世紀にその地位は名目化し、実権は「ペーシュワー」と呼ばれる宰相に移って世襲化した。歴代のペーシュワーの中でも王国の勢力拡大に大きく貢献したのが二代目のバジラーオであった。戦争の天才でもあった彼は、在位した一七二〇年からの二〇年間、四方八方に戦争を仕掛けて領土を広げ、一時はムガル帝国の首都デリーにまで到達した。

　マスターニーはブンデールカンド王国のチャトラサール王の娘だったものの、ペルシア人の妾から生まれ、イスラーム教を信仰していた。一方のバジラーオはヒンドゥー教徒のバラモンだ。通常なら、この二人の結婚はありえない。ありえないからこそ物語になる。

　二人の出会いはこうである。ムガル帝国軍の侵攻を受けたチャトラサール王から援軍を求められたバジラーオは、個人的に求めに応じ、ム

❁2015年
❁ヒンディー語
❁158分
[**監督**]サンジャイ・リーラー・バンサーリー
[**出演**]ディーピカー・パードゥコーン／ランヴィール・シン／プリヤンカー・チョープラー

ガル帝国軍を蹴散らした。九死に一生を得たチャトラサール王は喜び、娘のマスターニーを彼に嫁がせた。マスターニーは類い稀な美貌を持つ女戦士で、バジラーオは惚れ込んでしまう。しかしながら、彼には既に正妻がおり、マスターニーとの結婚は重婚かつ異宗教間結婚になった。そのため、マラーター王国内で大いに物議を醸したのである。

主演はランヴィール・シンとディーピカー・パードゥコーン。それぞれバジラーオとマスターニーを演じ、両者とも馬を駆り武器を振るって戦争シーンにも臨む。バジラーオが使いこなす鞭状の鉄剣は「ウルミ」と呼ばれるインドならではの武器だ。トップスターのこの二人はバンサーリー監督の『銃弾の饗宴 ラームとリーラー』(13)で出会って付き合い始め、二〇一五年公開のこの『バジラーオとマスターニー』を経て、『パドマーワト』公開後に結婚した。

他に、二〇〇〇年のミスワールドで、『闇の帝王DON ベルリン強奪作戦』(11)などのプリヤンカー・チョープラーもバジラーオの正妻役で出演している。ディーピカーとプリヤンカーの本格的な共演は初で、バジラーオを巡って火花を散らす。大物女優二人を同時に起用できてしまうのもバンサーリー監督のブランド力の賜物である。

バジラーオは、一方でヒンドゥー教の守護者として周辺のイスラーム勢力と戦ったが、他方でイスラーム教徒の妻に対する家族内や世間からの執拗ないじめとも戦わなくてはならなかった。この映画は、時代劇であり、戦争映画であるが、監督はそれ以上にこれを、困難を乗り越えて愛を貫こうとする男女の悲恋映画としてまとめあげた。ヒンドゥー教徒とイスラーム教徒の融和とともに、愛は宗教を超越し、愛こそが宗教であるというメッセージが物語に込められていた。

バンサーリー監督の最大の持ち味である豪華絢爛なビジュアルももちろん健在だ。特に「鏡の間」はまるで光の洪水で、その圧倒的な映像美にはただただ息を呑むばかりである。

ピンク

岡光信子

❀2016年
❀ヒンディー語
❀136分
〔監督〕アニルッド・ロイ・チョウドリー
〔出演〕アミターブ・バッチャン／タープシー・パンヌー／キールティ・クルハーリー／アンドレア・タリアング

『ピンク』は、顔じゅう血だらけになった若い男性（ラジヴィール）が友人二人に付き添われて病院にやってくるところから始まる。次に画面が切り替わり、若い女性三人（ミナール、ファラク、アンドレア）が、取り乱した様子でタクシーで家路を急いでいるシーンが現れる。なんらかの異常事態が起こったことをうかがわせる。

実際に何があったかというと、上述の男女六人が、ホテルで夕食と飲酒を楽しんだあと、酔いが回ったラジヴィールが、レイプしようとミナールに襲いかかった。彼女は抵抗し、彼の頭を酒瓶で思いきり殴打する。ところが、被害者であるはずのミナールのほうが、有力政治家の親族をもつラジヴィールの訴えにより、売春と殺人未遂で逮捕されてしまう。引退した老弁護士ディーパクは、ミナールの保釈手続きと裁判での弁護を買って出る。

法廷の審理で、ラジヴィール側の弁護士は、三人の女性の身もちの悪さを執拗に指摘する。ディーパクは、夜間に男性と飲酒を楽しむ女性を売春婦とするステレオタイプに疑問を投じる。ディーパクは、女性が望まないことを強要されたとき「ノー」を言う権利があること、「ノー」は「ノー」であってそれ以外の何ものでもないことを明言する。裁判官は真相を見極めることができるのか、それとも……。

『ピンク』は、パークストリート・レイプ事件として知られる出来事にインスピレーションを受けて制作された社会派作品である。この事件は、二〇一二年二月六日早朝、著名な女性活動家スゼット・ジョーダンがコルカタの繁華街パークストリートのパブを出ようとした時、五人の男性に車で送ると誘われ、走行中の車の中でレイプされた。彼女は被害届を提出したが、警察は捜査に後ろ向きだった。しかし、この事件がメディアに取り上げられたことを契機に捜査が始まった。二〇一五年、カルカッタ法廷は、逃亡中の二名を除いて三人の被告に一〇年の禁固刑を言い渡した。

インドでは性的暴行は、被害者を出した家族に恥辱をもたらすという考え方が根強い。インド国家犯罪記録局（NCRB）によれば、女性への性的暴行は年間三万件を超えている。しかし、この数字は氷山の一角にすぎず、実際の被害数はそれをゆうに上回る。性暴力に対する偏見が災いして、多くの被害者が被害届を提出せずに泣き寝入りを強いられているのである。『ピンク』は、こうした社会にはびこる風潮に対して真っ向から疑義を唱える作品である。

本作は、女性が自由を享受し、社会の偏見に立ち向かう権利をもつことを、法廷ドラマを通して訴えている。弁護士役のアミターブ・バッチャンによれば、ピンクは若い女性が好む色であることから、このタイトルには、女性が夜間でも外出する自由と権利を持つべきであるという願いが込められているという。さらに彼は、この作品について、女性が性暴力に遭った時に迷わず警察に訴え出るという選択肢があることを明示しているとも述べている。

『ピンク』は、三億ルピー（約五億三千万円）という低予算で制作され、アミターブを除き、若手や主演級でない俳優たちが出演している。社会性が強い作品なので興行的成功も期待されていなかった。しかし予想に反して好評を得、インド国内だけでなく海外でも上映されて、一六億ルピー（約二九億円）近い興行収入を上げることになった。

本作で描かれた法廷は、被害者女性たちにとって屈辱的なシーンに満ち、女性への偏見と差別を浮き彫りにするものである。しかし当事者たちが毅然として裁判を闘い抜く姿は、観る者に共感を呼び起こした。公開された翌年の二〇一七年以降、アメリカ発祥のオンライン・キャンペーン「#MeToo」をきっかけに、性的暴行やセクハラの被害者が声を上げる運動が世界的な広がりを見せた。この作品のもつ問題意識と先見性を図らずも示すものとなったのである。

ランガスタラム

Rangasthalam

山下博司

『ランガスタラム』はテルグ語の大ヒット映画である。主役を演じるのは、テルグ映画界のメガスターで政治家でもあるチランジーヴィの長男で、『RRR』(22)のラーム・チャラン。脚本と監督を、南インドで最高額の契約報酬を得ると噂されるスクマールが担当している。

物語の舞台は一九八〇年代のアーンドラ・プラデーシュ州、ゴーダーヴァリー河沿岸の「ランガスタラム」という架空の村。実際には、州都ハイダラーバードの市内に、病院、役場、寺院、邸宅などを有する巨大なオープンセットを組んで撮影された。

主人公の若者チッティを演じるラーム・チャランは実際は大都会育ちだが、農民が普段履くルンギを履き、テルグ語のゴーダーヴァリー方言を巧みに操る。なお、舞台になった地域はスクマール監督の故郷でもあり、ラーム・チャラン一族の出身地にも近い。

正義感に富む低カーストの村人チッティは、難聴に手を焼いてはいるが、毎日を快活に過ごしている。そんな折、ドバイで働く兄クマールが帰省する。彼は村長の横暴に憤り、村を改善していこうと心に決め、州議会議員の助力で村長選挙に立候補する。選挙運動が始まるや、政治的思惑と利権が絡み合って殺人や襲撃事件が起こるなど、事態は混迷を深めていく。

本作は娯楽映画の要素を盛り込みつつ、農民を苦しめる協同組合と背後で操る悪徳村長に立ち向かう兄弟の姿を通じて、腐敗やカースト差別など深刻な社会問題をあぶり出している。

州議会議員の役を名脇役プラカーシュ・ラージが、主人公が恋心を寄せる村娘役を、タミル映画でも活躍するサマンタが演じている。本作は、二〇一八年のテルグ語映画の興収第一位を記録し、フィルムフェア賞、南インド国際映画賞など数々の賞にも輝いている。

❀2018年
❀テルグ語
❀174分
［監督］スクマール
［出演］ラーム・チャラン／サマンタ／アーディ・ピニシェッティ／プラカーシュ・ラージ

ランガスタラム

テルグ語映画

テルグ語映画は、インドの言語別製作本数（正確には検閲通過本数）で首位争いを演じてきた。2000年代半ばにヒンディー語映画に追いつき、2012年まで首位を走ってきた。2016年以降、ヒンディー語映画が首位に返り咲き今に至っている。最新統計（2021年4月～2022年2月）では、テルグ語映画はヒンディー語映画に次ぐ第2位、438本となっている。

製作本数の多さの要因として、アーンドラ・プラデーシュ州とテランガーナ州を併せた8000万人強の人口規模（国内4位）からくる観客動員の潜在的可能性、映画館の多さ、巨大撮影所（マノージ・フィルムシティー）の出現による映画産業の活性化、IT産業との連携による製作の利便性を挙げることができる。

映画館数の多さは、低予算作品から豪華キャストのものまで、多くの作品に上映機会を与え得ることになる。作品が完成すれば上映の機会を見込めるという環境は、製作者のやる気を高め、上映に備えて検閲に進む作品も増える。これが製作本数の多さの主たる要因である。

大規模な市場の存在は、激しいアクションに耐える主演級俳優の層の厚さや、出演料の高さ、他言語圏からの俳優のリクルーティングに好条件を提供し、今日の大作映画の隆盛を導いた。

テルグ語映画は、従来テルグ語圏が消費・鑑賞の領域だった。ところが2006年に転機が訪れる。1億7000万ルピーの予算を投じて製作された『Pokiri』（06未）がテルグ映画史上最高の興収を記録し、『マガディーラ 勇者転生』（09）に凌駕されるまで、記録を維持した。マヘーシュ・バーブ主演の暗黒街を舞台とした作品で、タミル語とヒンディー語にリメイクされている。トリウッド（テルグ語映画の製作中心地）が全インド的なヒット作の発信地になったのである。

テルグ語映画の一大特色は、ドリームシーンの歌と踊りを多く含む「マサラ・ムービー」という点にある。主演俳優にも抜群の踊りの技量が求められる。『RRR』（22）の劇中歌「ナートゥ・ナートゥ」で踊られるキレキレの超高速ステップ、いわゆる「ナートゥ・ダンス」に衝撃を受けた方も多いに違いない。派手な暴力シーンもテルグ語映画の特徴を形作る。エンターテインメント性の高さで他を圧倒しているところが、近年のテルグ語映画を世界的な人気に押し上げている原動力になっている。（山下博司）

Rangasthalam

K・G・F：CHAPTER 1

K.G.F: CHAPTER 1

岡光信子

『K.G.F:CHAPTER1』は、カンナダ語によるアクション映画で、K.G.Fシリーズの第一作目である。『K.G.F』は、カンナダ語映画において最高額の製作費をかけ、五言語[★1]で上映され、カンナダ語映画史上最高の興行収入を記録した。製作チームにとって多言語映画産業に進出する初作品であったが、映画の大成功はカンナダ語映画界の高い技術力を証明した。

一九五一年、カルナータカ州で金鉱：コーラーラ・ゴールド・フィールド（K.G.F）が発見された日、主人公ラジャ・クリシュナッパ・バイリヤ、ロッキーが生まれる。スーリヤワルダンは金鉱の権利を手に入れ、労働者に対する抑圧、恐怖、搾取の上に巨大犯罪組織を作りあげる。ロッキーは、一〇歳で母親を亡くして孤児となり、ボンベイに渡ってマフィアの一員としてのし上がっていく。八〇年代、スーリヤワルダンが長男ガルダを後継者に指名したことで、内部抗争が始まる。組織幹部のアンドリュースは、ロッキーにボンベイの支配権を引き換えにガルダ暗殺を命じる。ロッキーは、K.G.Fを奪還するために死闘を繰り広げるのであった。

監督のプラシャーント・ニールは、義弟シュリームラリを主役にしたアクション映画『Ugramm』（14未）で監督デビューを果たした。彼によれば、『K.G.F』は、これまでのカンナダ語映画に無いスケールが大きい普遍的なテーマを扱った作品ゆえに、最初から二部構成で制作することを決めていたという。ロッキーを演じたヤシュのキャリアは舞台から始まる。二〇〇四年、テレビドラマに出演し、『Jambada Hudugi』（07未）で映画出演を果たし、徐々に頭角を現していく。『K.G.F』では甘いマスクの好青年というイメージを封じて激しいアクションを披露し、本作品は第六六回ナショナル・フィルム・アワードでアクション監督賞を受賞している。

❁2018年
❁カンナダ語
❁154分
［**監督・脚本**］プラシャーント・ニール
［**音楽**］ラヴィ・バスルール
［**出演**］ヤシュ／シュリーニディ・シェッティ／ラヴィーナー・タンダン／アナント・ナーグ

★1 カンナダ語、テルグ語、タミル語、マラヤーラム語、ヒンディー語

K.G.F:CHAPTER 1

カンナダ語映画

カンナダ語映画はカルナータカ州のベンガルール（旧バンガロール）を拠点にしている。同州がサンダルウッド（白檀）の産地ゆえに、ハリウッドやボリウッドをもじり「サンダルウッド」と呼ばれる。

この州は、マハーラーシュトラ州、アーンドラ・プラデーシュ州、タミルナードゥ州、ケーララ州というインド映画の4大拠点に囲まれており、一時期、他州で作られた映画の吹き替え版やリメイク作品の上映が目立っていた。カンナダ語映画の不振は、製作のための設備や撮影施設が未整備だったことも一因である。

しかし1970年代から80年代にかけ、カンナダ語映画に古典芸術や文学作品の感化を受けた芸術作品が製作された。これは、当時もてはやされたニュー・インディアン・シネマの運動に同調するもので、カンナダ・ニューウェーヴと呼ばれ、ギリーシュ・カーサラヴァッリ監督らが国内外で高い評価を受けた。

2000年代になると、年に数本、娯楽映画の大ヒット作が現れるようになる。たとえば『Mungaru Male[モンスーンの雨]』(06未)は、雨で出逢った男女の悲恋をめぐる、甘い歌と踊りを含む娯楽映画だが、カンナダ語映画史上最も成功した作品になった。劇場公開が865日に及び、7億5000万ルピーを稼ぎ出すなど、南インド映画として破格の興行成績をあげた。テルグ語、ベンガル語、マラーティー語、オディア語にリメイクされ、国外10カ国で公開されている。この流れが大ヒット作『K.G.F: CHAPTER 1』（18）や『K.G.F: CHAPTER 2』（22）へと連なっている。

カンナダ語映画は2008年以降、製作本数が堅調に推移しているが、背景にはIT産業の集積するベンガルールの存在がある。映画作りはソフトウェア産業との連繋が不可欠なのである。2018年以降、ヒンディー、テルグ、タミル、マラヤーラムの各言語とともに、製作本数（実際には検閲通過本数）ベスト5の常連となり、2022年度（2021年4月～2022年2月）はヒンディー、テルグに次いで第3位（381本）となっている。

1960年代後半から、カルナータカ州は自文化保護のため他言語の映画をカンナダ語に吹き替えて上映することを原則禁じてきた。禁令は教育映画やドキュメンタリーにも及んでおり、社会活動家や市民団体の不満も高まっている。

（山下博司）

K.G.F:CHAPTER 1

サイラー　ナラシムハー・レッディ　偉大なる反逆者

Sye Raa Narasimha Reddy

山下博司

一九世紀半ば、イギリス東インド会社の圧政に反逆した領主ナラシムハー・レッディを描く歴史アクション大作。『RRR』で主演したラーム・チャランが代表を務めるコニデラ・プロダクションが製作し、彼の父で、テルグ語映画のメガスター・チランジーヴィが主演。監督と脚本はスレーンダル・レッディが務める。

主演のチランジーヴィは、一九五五年、映画と無縁の一般家庭に生まれ、村で育った。大学卒業後に映画に目覚め、チェンナイの南インド映画商業会議所の映画学校で演技を学んでいる。テルグ語映画を中心にマッチョなヒーローとしてのイメージを確立した彼は、政界に進出して新政党を立ち上げ、また医療関連の慈善団体を興して社会運動にも身を投じている。諸般の功績が認められ、二〇〇六年、最高勲章の一つ「パドマ・ブーシャン」を授与された。その後中央政府の観光大臣（2012～14）も務めている。

本作は、多彩な活動を経つつも、鍛え上げた肉体を駆使し、凛々しく誇り高い英雄の役を演じきって、映画人としての本領を発揮している。

「ナラシムハー」、正確には「ナラシンハ」は、サンスクリット語で「獅子」を意味する単語。ヒンドゥー教の最高神・ヴィシュヌの一〇の化身（アヴァターラ）の一つとされ、人間と獅子を一つにした姿で人間界に現れる英雄を指す。ヴィシュヌ神が化身の姿で地上に降臨するのは正義を実現するため。ヒンドゥー教の聖典「バガヴァッド・ギーター」に「善がすたれ悪がはびこるなら、われは善人を守り悪人を滅ぼし正義を確立するために、その時代その時代に出現するであろう」と記されている。つまり、本作の主人公の名前には、神による勧善懲悪のイメージが託されているのである。テルグ語話者の間でヴィシュヌ神の人気がきわめて高いことも、主人公の名付けと関係していることは間違いない。

❀2019年
❀テルグ語
❀167分
［監督］スレーンダル・レッディ
［音楽］アミット・トリヴェディ
［出演］チランジーヴィ／アミターブ・バッチャン／アヌシュカ・シェッティ／タマンナー

本作は実話に基づくものと喧伝されている。たしかに、インド独立の志士として同名の人物（一八〇六〜四七）がおり、一八四七年に五千人もの農民がイギリス東インド会社に対して反乱を起こした際に、同志らを糾合し指揮したことで知られている。東インド会社が徴税制度を改悪して搾取の強化をもくろんだことに反抗の狼煙（のろし）を上げたのである。東インド会社は多数の兵士を動員して鎮圧に当たり、レッディの非業の死によって反逆は幕を閉じた。彼の行動は、インドではじめてイギリス支配に反旗を翻したものとして近代史に名をとどめている。

物語の舞台は、一八四〇年代の南インド・レーナードゥ地方（現アーンドラ・プラデーシュ州南部）。首長の家に生まれ育ったナラシムハーはある日、イギリスによってインド人が処刑される現場に遭遇する。祖国がおかれた現実を見せつけられた瞬間だった。彼は復讐を誓って武術を磨き、領主や首長を束ねて抵抗運動を進めていく。ナラシムハーは、凶作に苦しむ農民たちに、イギリスへの税の納付をボイコットするよう働きかける。イギリスはこの動きに反発して圧迫を強めるが、彼は、義憤を胸に抵抗を本格化させていく。ナラシムハーは、この過程でラクシュミという踊り子と出会い、その命を救う。ラクシュミはナラシムハーを愛し、彼の運動に献身的に協力していく。

アヌシュカ・シェッティ（ナラシムハーの英雄譚を物語るラクシュミー・バーイー役）、タマンナー（ラクシュミ役）、アミターブ・バッチャン（ナラシムハーのグルの役）も共演している。

本作はハイダラーバード、ケーララ、マイスールで撮影され、クライマックスの戦闘シーンはジョージア（旧グルジア）で撮られている。公開当日から評判を呼び、テルグ語バージョンだけでなく、タミル語やヒンディー語の吹替版も記録的な興行収入を達成している。本作は、インド人民党（ＢＪＰ）の政権奪取以来目立っているナショナリズムを称える歴史映画の系列に位置づけられる。外来勢力に対峙するヒンドゥー教徒の正義を強調し、その義勇を称える傾向の作品群で、時代の潮流に棹さす大作と言える。

SUPER30

スーパー30 アーナンド先生の教室

高倉嘉男

北インドのビハール州は、インド初の統一王朝マウリヤ朝などの拠点だった地域で、仏教と所縁が深く、「世界最古の大学」ナーランダー僧院を擁する州でもある。だが、歴史の過程の中でいつしか発展から取り残されるようになり、インド最貧州のひとつに転落した。そのビハール州で「スーパー30」と呼ばれる民間教育プログラムが生まれ、そこで学んだ最貧層の子供たちが次々とインド最難関の名門大学に合格するという奇跡が注目を集めるようになった。当然、その奇跡を映画界が放っておくはずがない。

『スーパー30 アーナンド先生の教室』は、スーパー30を立ち上げた教育者アーナンド・クマールの半生を描いたヒンディー語の伝記映画である。監督は『クイーン 旅立つわたしのハネムーン』(14)のヴィカース・バハル。主役アーナンドを演じるのはトップスターのリティク・ローシャンだ。今まで築き上げてきたスタイリッシュなイメージやスターのオーラは一旦封印し、得意のダンスも最小限に抑えて、田舎町出身の実直な男性を泥臭く演じ切っている。

スーパー30が目指すのはインド工科大学(IIT)合格である。『きっと、うまくいく』(09)でお馴染みの、インド最高峰の工科系単科大学だ。インド全土に二三校あり、合わせておよそ一万七千人の定員があるが、受験生は毎年百万人以上おり、合格率は一～二%である。その難易度に比例してIIT志望者対象の塾産業も栄えることになったが、その授業料は概して高額である。

本来、教育の機会が全ての子供に才能と関心に応じて公平に与えられることで社会階層の流動化が行われるはずであるが、教育のビジネス化は、名門校の門戸を富裕層の子供に限定することになり、社会階層を固定化する。それはいわば「王の子が王になる」社会であり、封建社会への逆戻りである。

❁2019年
❁ヒンディー語
❁154分
[監督]ヴィカース・バハル
[出演]リティク・ローシャン／ムルナール・タークル／アーディティヤ・シュリーワースタウ／パンカジ・トリパーティ

その危険な事実に気づき、家庭の経済力にかかわらず「能力ある者が王になる」社会の実現を志したのがアーナンド・クマールだ。彼は郵便局員の息子として生まれ、幼い頃から数学に関心を示し、才能を発揮した。数学の才能が認められ、ケンブリッジ大学の入学許可を手にするものの、父親の急死と貧困のために夢を諦めることになった。

一九九二年にアーナンドは塾を開き生計を立て始め、二〇〇二年にスーパー30を立ち上げる。試験を勝ち抜いた、才能はあるが経済的に恵まれないエンジニア志望の子供たち三〇人を寮に住み込ませ、生活費から授業料まで全て無料で指導をする。スーパー30は毎年驚異的な合格率を誇り、三〇人全員が合格した年も何回かある。

興味深いのはアーナンドの教え方である。映画の制作に当たって本物のアーナンド自身から協力が得られており、映画内で再現された彼の教授法は事実から遠くなさそうだ。アーナンドは具体的な事例を通して公式などを教えると同時に、生活の全てを理数系学問の学習機会とするように生徒たちを指導していた。そして、学んだことを実生活で応用することに何より価値を置いていた。終盤、アーナンドが入院した病院を大量の暴徒が襲う場面があるが、生徒たちは学んだ知識を駆使し、利用できるものを組み合わせて科学的な罠を仕掛け、彼らを撃退する。

富裕層と貧困層の間には英語という大きな壁がそびえ立っていることも指摘されていた。インドにおいて英語の語学力は教養層と無教養層を分ける指標であり、それは『ヒンディー・ミディアム』(17)などでも取り上げられていた。スーパー30の生徒たちは英語が苦手で、英語を母語のように使いこなす富裕層の子供たちの前で気後れしてしまっていた。アーナンドは彼らに公衆の面前で英語劇をさせ、自信を付けさせる。

この映画は、伝記映画という縛りに囚われず、実話と脚色をバランスよく混ぜ合わすことに成功している。インドが誇る教育者アーナンドの功績を楽しみながら知ることができ、また、インドの教育の光と影を同時に垣間見ることもできる、一粒で何度もおいしい作品だ。

囚人ディリ

Kaithi

山下博司

タミル語の原題は『kaithi』、「カイディ」と読む。「逮捕または投獄されている人」を指す。

インド映画の中の警察は正義の側に立つことが多いが、時に腐敗して人に悪さを働く場合もある。本作に登場する警察官はまさに悪と闘う力を象徴するものだが、警察官と囚人が手を組んで悪に対抗するという意外な構想が斬新である。

警察や警察官はインドの娯楽映画に欠かせない要素と言っていい。以前インタビューでお会いした、『バーフバリ』二部作でもおなじみの南インドの人気俳優ナーサルは、強面な印象からか、自分は警察官（や軍人）の役を仰せつかることが多いと苦笑していた。その後もしばしば警察官の役を演じているようだ。それだけインド映画にとって不可欠な役なのである。

本作は、警察と闇組織の抗争に巻き込まれた男ディリの一夜の闘いを描くアクション・スリラー。大量の麻薬を押収された犯罪組織が、警察を恨み報復を試みる。街から八〇キロも離れた保養地にある警察のゲストハウスで、署長の退任パーティーが開かれた。内通する者が飲みものに毒を盛り、集まった警察官たちが次々に倒れたのだ。特殊部隊を率いるビジョイだけが難を逃れた、昏睡状態に陥った何十人もの警察官たちを大型トラックに収容し、麻薬組織の暴徒の猛追をかわしながら、街の病院に運び込まねばならない。それも五時間以内に。ビジョイが頼れるのは謎めいた元囚人・ディリだけだった。ディリは一〇年の収監を終えて出所したばかりだった。一方、八〇キロ離れた街の警察本部には、麻薬奪還に執念を燃やす組織の頭目・アンブが率いる荒くれ者の集団が迫っていた。ビジョイとディリは敵の猛追を必死でかわしながら病院をめざし爆走するが……。

本作に歌と踊りのシーンは現れない。たしかにヒンディー語映画などでは、新中間層に向け

❁ 2019年
❁ タミル語
❁ 145分
［**監督**］ローケーシュ・カナガラージ
［**出演**］カールティ／ナレーン／ラーマナー／ジョージ・マリヤーン／アルジュン・ダース

た諸作品をはじめ、歌や踊りの要素を抑えた、または取り去ったものも珍しくなくなった。しかし、一方の南インドの娯楽映画の世界では、まだまだ歌と踊りは健在である。あえて歌と踊りを排除した本作のユニークさは際立っている。

歌と踊りのないタミル語娯楽作品には先駆けがある。映画人の間で評価の高いシネマトグラファー、P・C・シュリーラームが監督したアクション・スリラー『Kuruthipunal［流血の川］』（95未）は、歌が皆無で、かつ背景音楽も抑制されている。娯楽映画でお決まりの「恋愛」の要素もない。しかし、リアリズムを徹底しようとしたこの作品は高い評価を受け、一九九六年のオスカーの外国語作品賞にインドから推薦され、またロッテルダム国際映画祭にも出品されている。この作品は、インドのフィルムメーカーが既成のフォーマットに頼らずに鑑賞に堪える娯楽映画を作り得る能力を示したものと言える。ちなみに、『Kuruthipunal』も警察官を主人公とする映画であった。

タミル語映画は先駆的で実験的な試みを重ねてきた。本作は、そのようなタミル語映画のDNAを受け継ぐものと言える。カールティはトラックを運転した経験がなく、運転シーンで苦労した旨を述べている。ラストシーンを除くほぼ全編が暗い色を基調とする夜間のシーンで、インド映画におなじみの歌や踊りもなく、困難なミッションを完遂するために極限状態に置かれた二人の男の協力と確執の人間模様を、アクションとスリルに満ちた画面でみごとに描き出している。本作の興行は『ビギル 勝利のホイッスル』（19）と競合する中で尻上がりに人気を得、商業的に成功を収めた。

主演のカールティは以前は本名の「カールティク」で通っていた。2歳年上の兄は、タミル版『Ghajini［ガジニ］』（05未）で主役を務めた俳優のスーリヤである。妹にプレイバックシンガーのブリンダがいる。カールティの映画界でのキャリアは、マニラトナム監督の助監督から始まり、村のカースト問題を扱った『Paruthiveeran［パルッティユールの勇者］』（07未）で俳優デビューして現在に至っている。

ビギル 勝利のホイッスル

Bigil

山下博司

タミル語のスポーツアクション映画。「ビギル」はホイッスルを意味するが、チームの監督マイケルのニックネームでもある。監督・脚本はアトリ。S・シャンカル監督『ロボット』(10)の助監督を経験したあと、一三年に監督デビュー。ヴィジャイを主役とする作品で次々にヒットを飛ばし、今やインドで最もギャラの高い監督の一人に数えられる。音楽担当はA・R・ラフマーン。女性アスリートたちを称える挿入歌「Singappenney［獅子なる女よ!］」に歌手としても登場している。

主演はヴィジャイ。タラパティ(司令官)という称号を冠して呼ばれることも多い。キリスト教徒で、本名はジョゼフ・ヴィジャイ・チャンドラシェーカル。父が映画監督、母がプレイバックシンガーという映画一家の出身で、本作では主人公の父親役も一人二役でこなしている。ヒロインのナヤンターラは、ベンガルール生まれの聖トマス派キリスト教徒である。高額なギャラで知られる女優で、南インド映画界で活躍する。ヒンディー語映画の人気俳優ジャッキー・シュロフが、全インド・サッカー連盟の会長役で出演している。

マイケルの父は犯罪組織の親玉で、息子が自分と同じ道に入らないよう、サッカーに情熱を傾ける息子を応援してきた。しかしその父が、敵対するダニエルと父親のアレックスに殺害され、マイケルのサッカーを貫く夢は閉ざされてしまう。マイケルはアレックスを殺して復讐を遂げ、父を継いで闇組織の頭目になる。

ある夜、仇敵のダニエルがマイケルと友人カディルを襲撃し、カディルが重症を負ってしまう。マイケルは、カディルの代わりに女子サッカーチームの監督を引き継ぎ、デリーでのインド選手権への出場権を獲得すべく、チームを率いていくことになる。ところがメンバーたちは

❀2019年
❀タミル語
❀177分
［監督］アトリ
［出演］ヴィジャイ／ナヤンターラ／ヨーギ・バーブ／ジャッキー・シュロフ

犯罪者マイケルへの協力を拒む。選手権初戦の敗北の責任を彼に押しつけようとすらするのだった。マイケルは、彼の活躍を快く思わないサッカー連盟幹部による妨害工作をものともせず、チームを集中的に鍛え上げ、決勝リーグへと駒を進めるのだった。

女子サッカーチームをめぐる映画と言えば『ベッカムに恋して』(02)がまず思い浮かぶ。インド系女性監督グリンダ・チャーダによるイギリス映画で、ユーモアとペーソスに包まれた軽妙なコメディーの形を借りて、イギリスでのインド系住民のジレンマを描いている。本作でも、伝統の桎梏からの女性の解放がテーマの一つを成しており、結婚・出産を経験したバラモン女性・ガヤトリがサッカー継続を決意するまでが描かれる。主力選手が彼氏から顔に硫酸をかけられたり、チームの躍進を阻みたい敵側に無理矢理コカインを注射されたりするが、チームが一丸となって困難を克服し決勝へと駒を進める。女性たちの半生や思いと重ね合わせ、マイケルによるダニエルへの復讐劇も絡ませながら、感動のフィナーレへとなだれ込んでいく。

本作は、ヒンドゥー教の大祭・ディワーリー(ディーパーヴァリ)の時期に封切られ、タミル語映画としては歴代一一位の興行収入(約三〇億ルピー)をあげた。欧米諸国や東南アジアなど、海外のタミル人ディアスポラでの評判も高く、興収増に大きく貢献している。

主役のヴィジャイは、ここ一五年ほど、ファンクラブを動員して政治参加を試みてきた、二〇二四年二月、「出自にかかわらず万人は平等」の標語を掲げてタミラガ・ヴェットリ・カラガム(タミルナードゥ勝利党)を立ち上げ、党首に就任している。彼に限らず、タミル語映画界では、俳優が政党を設立して政治進出しようとする事例が散見される。一〇年にわたって州首相を務めたM・G・ラーマチャンドラン(MGR)は最たるものだが、その後も、俳優による新党の結成が続いていた。ヴィジャイの新政党は緒に就いたばかりで議席をもたないが、満を持して二〇二六年の州議会選挙に臨むべく準備を進めている。今後が注目される。

©AGS Entertainment

ジャッリカットゥ 牛の怒り

Jallikattu

山下博司

『ジャッリカットゥ 牛の怒り』は、マラヤーラム語によるインディペンデント系アクション映画である。ケーララ州の山間地域にある村を舞台に、屠殺される寸前の水牛が逃げ出したことで巻き起こる騒動を描く。

舞台は深い森の中に息づく小さな村。肉屋で働くアントニが一頭の水牛を屠ろうとしたところ、牛は命の危険を察知して暴れだし、その場から逃げ出してしまう。水牛カレーや婚礼用の肉料理に使う肉を買おうと肉屋に群がっていた人々が、暴れ牛を捕まえようとするが取り逃がしてしまう。折しも野火が起こり、村人たちは消火に大わらわになるとともに、逃げた牛のせいだとして、捕まえて殺そうと血眼になる。しかし牛は店々を破壊し、畑を踏み荒らして逃げ回る。警察は、牛を殺すのは違法だとして取り合おうとしない。

牛追いに端を発する騒動は、農民、神父、警官に加え、騒ぎを聞きつけた隣村のならず者たちをも巻き込む大パニックに発展する。アントニは、逃げた牛を自分の手で捕まえようと奮闘する。一方、かつて密売の罪で村を追われたクッタッチャンが再び村に呼び戻され、牛の捕獲に加わる。荒くれ者のクッタッチャンは、かつて一人の女性・ソフィをめぐってアントニと恋敵だった。こうして、牛の逃走から始まる一連の騒ぎは、村を無秩序状態に陥れ、人間同士の醜態を露わにする場に化していく。

牛は、逃げる途中井戸に填まってしまうが、窮地を脱して再び森に逃げ込み、牛追いは振り出しに戻ってしまう。アントニとクッタッチャンの最終決戦のエピソードが牛の逃走劇に絡んで繰り広げられる。最終盤はセリフなしのスペクタクルが展開される。泥に填まって動けなくなっていた牛をアントニが刺し殺そうとするや、村の男たちが牛の上に次々に折り重なり、

❀2019年
❀マラヤーラム語
❀91分
[監督]リジョー・ジョーズ・ペッリシェーリ
[出演]チェンバン・ヴィノード・ジョーズ/アントニ・ヴァルギース/サーブモーン・アブドゥサマド

牛は押しつぶされる。そこに牛狩りをする原初の男たちの姿が重ねて映し出されるという奇想天外で不可思議な場面で締めくくられる。

監督は、常識や伝統にとらわれないアイディアと撮影技法で知られるリジョー・ジョーズ・ペッリシェーリ（一九七八年生まれ）。本作で大活躍する水牛も、CG技術に多くを頼らず、実物の牛とアニマトロニクスを駆使して、圧倒的な恐怖と躍動感を画面上にもたらしている。こうした彼の映画作りの原点に、スティーヴン・スピルバーグ監督の『ジョーズ』（75）や『ジュラシック・パーク』（93）からのインスピレーションがあることを、監督自身がインタビューの中で語っている。アニマトロニクスの使用は、インド映画界での生きものの虐待に繋がる実写映像の制限と関わっていることは言うまでもない。典型的な娯楽の要素を取り去った作品構成には、アートフィルムの伝統をもつマラヤーラム語映画の真骨頂を垣間見ることもできよう。

本作は、インドでの公開に先立ち、トロント国際映画祭、釜山国際映画祭で上映されて好評を博した。興行的にも成功を収め、かつ映画人の間でも高く評価されて、ペッリシェーリ監督は第五〇回インド国際映画祭で最優秀監督賞の栄誉に浴した。第九三回アカデミー賞では、国際長編映画賞のインド代表作品に選ばれた。マラヤーラム語映画がインド代表作品に選ばれたのは、『Guru［グル］』（07未）『アブ、アダムの息子』（11）に次いで三作目である。しかし惜しくもノミネートを逃している。

本作のタイトルにもなっている「ジャッリカットゥ」についてであるが、南インドのタミルナードゥ州やケーララ州で行われる村の伝統行事を指す。雄のコブ牛を群衆の中に放ち、若者たちが牛の背中のコブをつかみ、振り落とされないようにしながら牛の動きを抑える技量を競うものである。解き放たれた牛をめぐる大騒動に「ジャッリカットゥ」というタイトルを与えたことに、監督のユーモアが垣間見えるのである。

ジャッリカットゥ

マラヤーラム語映画

マラヤーラム語は、南インド・ケーララ州の公用語であり、憲法で公的に認定された223の言語のひとつでもある。ケーララ州は識字率が国内最高レベルで教育水準も高く、人々は社会問題や政治への関心が高く、現実的でシリアスな映画を好む。マラヤーラム語映画には、ケーララの文化的要素が組み込まれ、社会問題、人間関係、人間の感情を探求するテーマを扱う作品が多い。

初のマラヤーラム語映画は、「マラヤーラム語映画の父」と称されるJ.C.ダニエルが自ら主演・監督をした『Vigathakumaran』(1928未)である。この映画は、商業的には失敗したが神話に基づくインド映画が多い中、インド初の社会派長編映画となりマラヤーラム語映画の潮流を決定づけた。

20世紀後半以降、マラヤーラム語映画は、ケーララ州政府の支援により製作本数が多くなる。マラヤーラム語映画は、低予算であることが多いが、低予算でも制作可能なのは、脚本が事前に練り上げられており、撮影に時間をかけず、ほとんどの場合ワン・テイクまたはツー・テイクで終わるからである。マラヤーラム語映画では、人気よりも演技と言葉(マラヤーラム語)の巧みな俳優が好まれる。映画の撮影では、俳優を含め撮影に携わるすべての人が事前の準備を怠らず、撮影がスムーズに行われる。

70年代は、マラヤーラム映画のニュー・ウエーブと称される時代で、アドゥール・ゴーパーラクリシュナン、G・アラヴィンダン、M・T・ヴァースデーヴァン・ナーヤルなどのプネーにある国立フィルム専門学校出身者たちが秀作を残した。1986～90年は、芸術映画の黄金期と呼ばれており、商業映画と一線を画する数々の芸術映画が国際映画祭で高評価を得て、マラヤーラム語映画は国境を超えて多くの観客に知られることになる。マラヤーラム語映画と言えば芸術映画というイメージが定着する。

一方、80年代、成人向けの低予算のB級映画が量産されるようになり、芸術映画と低予算映画の二極化が進む。低迷期を得て、2010年以降、新人監督による実験的な作品(ニュー・ウェーブまたはニュー・ジェネレーション映画)が生み出され、マラヤーラム語映画の復活の兆しが見られるようになった。2020年以降、Amazon Prime VideoやNetflixなどで配信が増えると、『ライトニング・ムラリ』(21)のような世界的に人気を博した映画が生まれることになった。 (岡光信子)

Jallikattu

コラム

言語別・配信でインド映画を楽しむためのガイド

高倉嘉男

インド映画は映画館で楽しむため「だけ」に作られているといっても過言ではない。いまだに映画が娯楽の王様として君臨する世界一の映画大国インドでは、映画と映画館の結びつきがどの国よりも強い。そのため、映画館で鑑賞するインド映画と、それ以外の手段で鑑賞するインド映画とでは、その体験は雲泥の差だ。インド映画を最大限楽しむためには、映画館へ行き、大スクリーンと大音響、可能ならば満員の熱狂的な観客たちと共に鑑賞しなければならない。

ところが、二〇一〇年代にインド映画の流通に大革命があった。現地では「OTT（Over The Topの略）」と呼ばれるが、インドでもいわゆる動画配信サービスが普及し、定額にてTV、モニター、携帯電話などで映画を視聴する文化が根付き始めたのである。

それに加えて二〇二〇年以降、新型コロナウイルス感染拡大と厳格なロックダウンによって映画館が封鎖された期間があり、映画業界は劇場での上映を経ずに直接OTTプラットフォームでの新作公開、いわゆる「OTTスルー」を積極的に採用するようになった。従来、映画館で興行収入を上げにくかった地味な作品が日の目を浴びるという意外な収穫もあって、コロナ禍が明けた後もこの手段は残されることになった。その結果、一度も映画館で上映されたことがない映画が世の中に出回るようになり、「映画は映画館で観るもの」という公式が必ずしも通用しなくなった。

　日本に住みながらインド映画を観たいと思った場合、かつては手段が非常に限られていた。だが、日印両国で動画配信サービスが普及したことで、その気になれば日本にいながらインド映画三昧の毎日を送れるほどの環境が整った。

　上記のような状況を踏まえ、動画配信サービスを中心に日本でインド映画を楽しむ手段を段階的にまとめてみた。初級者向け、中級者向け、上級者向けの三段階に分けたが、それを分ける基準は字幕である。初級者は日本語字幕で観たい人、中級者は英語字幕でもいい人、そして上級者は現地語でも楽しめる人とした。ただし、VPN（Virtual Private Network）を組み合わせた裏技的な鑑賞方法はここでは紹介していない。

初級者向け　日本語字幕でインド映画を楽しむ

　劇場一般公開または映画再上映された作品およびDVD／BD化された作品は、日本の動画配信サービスで配信されることがある。もっとも品揃えがいいのはNetflixだが、Amazon Prime Video、U-Next、Huluでもいくつか見つかるので、加入者はインド映画を検索してみるといいだろう。YouTubeの「ムービー&TV」でもインド映画の購入やレンタルができる。「インディアン ムービー オンライン」では、南インド映画中心になるが、「インディアンムービーウィーク」で上映された作品がオンデマンド配信されている。

　動画配信サービスでしか観られない日本語字幕付きインド映画もある。そのような作品には大きく分けて二種類ある。ひとつはOTTプラットフォームの日本語字幕付きオリジナル作品、もうひとつはインド本国で劇場一般公開されるなどし、後から日本語字幕が付けられて日本で初公開・初配信の作品である。

　前者はNetflixが代表的である。Netflixはオリジナル作品の配信にも力を入れているが、その中にはインド映画もある。さすが国際的な動画配信サービスであり、そのような作品には世界中の言語の字幕または吹替が付いているが、その中には概ね日本語字

『フォー・モア・ショット・プリーズ』

幕も含まれている。東野圭吾の推理小説「容疑者Xの献身」を映画化した『容疑者X』(23)や、新世代スターキッド勢揃いの『アーチーズ』(23)など、侮れない作品もある。Netflixは全てのインド映画ファンが必ず加入し最大限活用すべきサービスである。

　また、Amazon Prime Videoにもごくわずかながらインド映画の日本語字幕付きオリジナル作品が存在する。『パラヴィの見つけた幸せ』(22)、『慌てず騒がず』(23)、『祖国に翼を』(24)などである。実はAmazon Prime Videoはインド関連コンテンツに関しては映画よりもウェブドラマの方が充実している。ウェブドラマとは、ネットでの配信専用に作られた数エピソード構成の映像作品である。インド人向けに作られたウェブドラマのほとんどを日本語字幕付きで視聴できる。近年では映画俳優がウェブドラマに出演する例も増えており、映画の延長線で楽しむことも可能だ。インド版『セックス・アンド・ザ・シティ』と呼ばれる『フォー・モア・ショット・プリーズ』(19〜)や、『人生は二度とない』(11)のゾーヤー・アクタルが監督をした『メイド・イン・ヘヴン〜運命の出会い〜』(19〜)など、一見に値する。

　後者、つまり、日本において映画館を経ずに日本語字幕付きで配信された作品は、中小の動画配信サービスの手によるものであることがほとんどだ。JAIHOでは常時何本かインド映画の配信があり、中には日本初公開のものもある。ドキュメンタリー映画好きにはアジアンドキュメンタリーズを勧めたい。インドに関係のある優れたドキュメンタリー映画が多数配信されている。

中級者向け　英語字幕でインド映画を楽しむ

　インド映画というのは不思議なもので、その沼にはまるとそれだけでは満足しなくなる。たとえば推しの俳優や監督ができたとすると、その過去の作品を全て観ておきたくなる。その中には日本未公開の作品も含まれるはずだ。また、誰よりも早く推しの新作映画を鑑賞したくなる。そうなると常に日本語字幕が用意されているような贅沢な環境は期待できない。その結果、英語字幕でインド映画を鑑賞し出すことになる。

字幕が表示される短い時間に英文を目に入れてパッと理解できるだけの英語力を持っている人ならば日本語字幕と同じ感覚で英語字幕付きのインド映画を鑑賞できるだろうが、大半の日本人にとってそれはハードルが高い。そうなると、再生スピードを変更したり、再生と停止を繰り返したりしながら視聴できる機能があると助かる。

その願いを叶えてくれるのがNetflixである。Netflixはそのままでも多くのインド映画を視聴できるのだが、言語設定を英語に変更するという一手間を加えることで、英語字幕のみのインド映画も表示されるようになる。Netflixは停止や巻き戻しが容易であり、再生スピードも調整できる。英語字幕でインド映画を視聴するには非常に都合の良いサービスである。英語字幕のみのインド映画は、二、三ヶ月前に劇場一般公開された新作が多い。

特に設定の変更は必要ないが、Amazon Prime Videoにもいくつか英語字幕しか付いていないインド映画がある。残念ながらAmazon Prime Videoには再生スピード調整機能は付いていないが、停止や巻き戻しをしながら視聴できる。

英語字幕でのインド映画鑑賞に慣れてきたら、インド発のＯＴＴプラットフォームで映画を視聴する手段も視野に入ってくる。インドのＯＴＴプラットフォームで配信されている作品の大半には設定変更により英語字幕が付く。

インドの携帯電話番号やインド発行のクレジットカードがないと登録できないサービスが多いのだが、たとえばZee5なら海外からでもサインアップできる。Zee5はヒンディー語、タミル語、テルグ語など、インド全体の言語を包括する娯楽コンテンツ配信サービスだ。

一方で特定の言語に特化した動画配信サービスもある。日本から利用登録できるものに絞ると、ベンガル語映画専門のHoiChoi、タミル語映画とテルグ語映画専門のAha、マラヤーラム語映画専門のSaina PlayやManoramaMaxなどがある。

YouTubeにも大量のインド映画がアップロードされている。海賊版もあるのだが、最近ではちゃんとした配給会社によって公式にアップロードされたものが目立つ。もちろん無料である。おそらくこれは海賊版対策の一環であろう。第三者によってアップロードされるくらいならば公式に全編をアップロードして再生数を稼ぎ収入につなげようという戦略だと思われる。Shemaroo、Rajshri、Balaji、Mzaalo、Zee、Venus、Goldminesなどを冠したチャンネルが公式である。全てではないが、英語字幕が付いているものがほとんどだ。

上級者向け　字幕なしでインド映画を楽しむ

インド映画が人生の一部になると、英語字幕を通してインド映画を鑑賞している自分に我慢ができなくなり、現地語を学び始める。一昔前まではいざインドの言語を学ぼうと思ってもどこで誰に教えてもらえばいいのか分からなかったのではないかと思うが、最近はオンラインでも語学の学習が可能になったため、そのハードルはかなり下がった。依然としてインドの言語はマイナーだが、その気さえあれば学ぶことは不可能ではない。

ひとつ、インド映画ファンが知っておいた方がいいのがindiancine.maである。これはインド映画のオンライン・アーカイブだ。著作権の切れたインド映画が順次アーカイブされており、全編が公開されている。娯楽よりも保存を目的としており、至れり尽くせりのサービスではない。よって、英語字幕が付いていないものも多い。独立前に作られた貴重な作品もいくつか視聴できる。インド映画を極める上で最後の総仕上げとして利用したいサービスだ。

ただ空高く舞え

Soorarai Pottru

夏目深雪

インド映画のヒーローものには、心躍る傑作が多い。『パッドマン 5億人の女性を救った男』(18)は、生理用ナプキンがなく不衛生な生活を送っている女性たちのため、蔑まれながらもナプキンを作った実在の男性がモデルの映画。『スーパー30 アーナンド先生の教室』(19)では、数学の才能を認められながらも貧困故にその道をあきらめた男性が、貧しい若者に無償で寮と食事を与え、彼らの道を開くという話である。

この二本は北インド映画(ボリウッド)だが、南インド映画でついにこの二本に負けないヒーロー映画が誕生した。いや、もちろんヒーロー映画自体は今までだってあった。『バーフバリ』二部作(15・17)や『サーホー』(19)、大ヒットした『RRR』(22)だってそうだ。だが、インドの女性差別や因習、身分制度による格差社会、そういった社会問題にストレートに対峙しているわけではなかった。

タミル語映画の『ただ空高く舞え』は、インド初の格安航空会社「エア・デカン」の創設者G・R・ゴーピナート大尉がモデル。一見、ビジネス寄りの話に見える。だが、空軍士官であったネドゥマーランが格安航空会社を作ろうとしたのは、父の危篤時に、航空代金が足りなくて死に目に立ち会えなかった忸怩たる想いから。貧困層も飛行機に乗せることを目標に、既得権だらけの航空界に殴り込みをかける。

注目すべきは、敵側の妨害の凄さ、スケールの大きさ。パイロットを買収して「エア・デカン」の飛行機を事故らせたり、急に法律を変えて「エア・デカン」が立ち行かないようにしたり。航空界を牛耳るジャズ航空の創設者バレーシュという分かりやすい敵だけでなく、味方だと思っていた人が実は敵だった……という劇的なドンデン返しも。この辺りはラージャマウリ監督作品に代表されるような、南インド映画的

❋2020年
❋タミル語
❋150分
[**監督**]スダー・コーングラー
[**音楽**]G・V・プラカーシュ・クマール
[**出演**]スーリヤ/アパルナー・バーラムラリ/パレーシュ・ラーワル

情念のいい部分が引き継がれているのを感じさせる。妨害に七転八倒しながらも夢を追い続けるネドゥマーランを追ううちに、こちらもアドレナリンが出まくりである。

ネドゥマーランを演じるのはタミル語映画のスター、スーリヤ。日本では映画祭上映作などに出演作が限られていたが、日本で人気のある南インド映画のスターとは違ってスレンダーで精悍なタイプである。そして、この映画のもう一つ特筆すべき点は、ネドゥマーランと妻スンダリとの関係であろう。スンダリは将来はパン屋を経営したいという気の強い女性。ネドゥマーランはスンダリに惹かれ求婚するが、スンダリはすぐにはなびかない。二人のもどかしいやり取りが微笑ましい。スンダリは結婚後もケータリングで「エア・デカン」に参入し、ビジネスパートナーとしてネドゥマーランを支える。ネドゥマーランが窮地に陥った時も献身的に彼を支えるスンダリは、プレイバックシンガーでインド古典舞踏ダンサーでもあるアパルナー・バーラムラリが演じた。音楽は『情熱のムリダンガム』(18)で主演したG・V・プラカーシュ・クマールが担当。

監督はスダー・コーングラー。妻が夫と対等な存在として、しかもその個性が生き生きと描かれるのは、女性監督ならではだろう。とはいっても、基本は男のドラマである。飛行機が飛び立つイメージが溢れた本作は、空軍士官も登場し、男性的なイメージに満ちている。かつて、インドに女性監督が少ないのは、力業のいるエンタテインメントがメインストリームだからという話であった。取り立てて「女性監督の」と枕詞につける必要性がないくらいアクションと策略と男たちの友情に満ちた本作は、隔世の感を抱かせる。とはいっても、ネドゥマーランが、事故のあとの初飛行に選んだ身内は、母と妻と娘という三人の女性だった。よぼよぼの田舎のおばあちゃんが初飛行のあと喜んでいるシーンもたまらないし、ラストシーンでは女性のパイロットが活躍している姿もちらりと映る。そういう未来志向の細かい気遣いがこの映画の極上の後味に繋がっているのだろう。

© 2DEntertainment

ダルバール 復讐人

Darbar

浦川留

スーパースター、ラジニカーントの存在を自分が知ったのは、ご多分にもれず『ムトゥ 踊るマハラジャ』（95）が最初である。東京国際ファンタスティック映画祭'97の会場は満席どころか立ち見もぎっしり。買ったはずの指定席にはインド人らしき観客がもう座っていてたどりつくこともできず立ったまま呆然と、やがて陶然と、歌って踊るインド映画の洗礼を受けた。撮影当時ラジニは四四歳だった。それから四半世紀の時を経て、『ダルバール 復讐人』で今なおハツラツと踊りもアクションもこなす姿に驚きと畏敬を禁じえない。

タイトルのダルバールはタミル語で「謁見の間」や「裁きの間」の意味だという。本作でラジニが演じるのはムンバイの市警察長官アーディティヤ・アルナーチャラム。町ではかつて麻薬マフィアに一七人もの警察が殺害され、その後も犯罪が横行し警察の威信が失墜していた。アーディティヤは着任するなり辣腕をふるって次々と事件を解決する。だが逮捕した中に町の実力者の息子がおり、そのバックには恐るべき人物がいた。

映画は、相手かまわずギャングを粛清していく主人公の殴り込みシーンで幕をあける。警察にあるまじき過剰暴力は、愛娘ヴァッリを失ったことと関係があるらしかった。そこから物語は父と娘の仲むつまじい日々にさかのぼる。男やもめの父をヴァッリがけしかけ、気になる女性リリーにアタックさせるも挙動不審のあまりストーカーとまちがわれたり、ラジニと付人役のヨーギ・バーブを中心に能天気な芝居が展開。ゴキゲンなソング&ダンスシーンも大いに盛り上げてくれる。その一方で、主人公が復讐の鬼と化すリベンジドラマがいつどのように始まるか、観客にとってはやがて起こる悲劇への不安も通奏低音のようにつきまとう。

❀2020年
❀タミル語
❀158分
［**監督・脚本**］A・R・ムルガダース
［**音楽**］アニルド
［**出演**］ラジニカーント／ナヤンターラ／ニヴェーダ・トーマス／スニール・シェッティ／ヨーギ・バーブ

監督と脚本を兼任したのは、A・R・ムルガダース。ラジニとタッグを組むのはこれが初となる。ちなみにラージの役名アーディティヤ・アルナーチャラムは監督の父親と息子の名前を組み合わせたものだそうである。

キャストは、リリー役のナヤンターラが『チャンドラムキ 踊る！アメリカ帰りのゴーストバスター』(05) 以来久しぶりにラジニ映画のヒロインをつとめて成熟した魅力を放つ。また子役出身の若手実力派ニヴェーダ・トーマスが娘役を好演し、ボリウッドの人気俳優スニール・シェッティが悪役ですごみをきかせた。

劇中、なんといっても貴重な、というか目を見張らされるのはラジニが肩甲骨もあらわに裸の背中を画面いっぱいに（遠景ではなく！）披露する体力増強シーンである。『ボス その男シヴァージ』(07) 以前からラジニを知る本作スタントコーディネーターのピーター・ハインによれば、ラジニの筋肉は昔とほとんど変わらないそうで、ふさふさの黒髪ウィッグによる若返りだけでなく、実際に身体を鍛えているのがすばらしい。ストップモーションとスローモーションを生かした劇画調のアクション、手ぶりに「シュッ」とトレードマーク的効果音が入る楽しさも健在だ。

もう一つ、夜の駅で主人公が大勢のヤクザに襲われて派手な立ち回りを演じる中盤の見せ場も特筆しておきたい。というのは、その場に居合わせたという設定でヒジュラとおぼしき女装集団が登場するのだ。〝第三の性〟と認定され、歌や踊りを披露してお布施をもらうマイノリティの人々に主人公アーディティヤが微笑みを送る、そのまなざしにやどる聖性。豪快なアクションの中にも社会的メッセージを感じさせる印象的なシーンである。

正義の警察から怒りのダークヒーローまで多面的なキャラクター、衣装も制服ありダンディなスーツ姿ありワイルドなタンクトップあり。「これまで見たことのないラジニを」という監督の期待にこたえるたちで七変化を見せたスーパースターの心意気やよし。いい意味でステレオタイプの醍醐味が満載の娯楽活劇だ。

ダルバール 復讐人

ラジニカーント

ラジニカーント（愛称ラジニ）は、1950年、カルナータカ州ベンガルールで、グジャラート州に出自を辿る一家に生まれた。バスの車掌をしていたこともある。見出されて映画界入りする際、チェンナイにあった映画商業会議所の映画学校で演技の基礎をたたき込まれ、芸術映画にも出演経験のある演技派としての側面もあることは意外に知られていない。

1975年にデビューし、南インド諸語の作品に出演しつつ活躍の重点をタミル映画に移し、80年前後には「スーパースター」としての名声を確立。タミル語が母語でないことから当初発音上の問題などを指摘されたが、その後難点はほぼ克服されている。悪と闘う庶民派ヒーローでならし、貧困層を中心に絶大な人気を誇る。『ムトゥ 踊るマハラジャ』（95）が、98年に日本で大ヒットとなり、彼の主演作が一挙に劇場公開されてラジニ・ブームを巻き起こした。

年に一度聖地リシケーシに趣いて瞑想修行するなど精神世界に関心を示し、その傾向が『Baba〔聖者バーバー〕』（02未）にも顕れている。映画スターが政治家に転じる例の多いタミルナードゥ州にあって、政界進出の噂が常に飛び交い待望もされてきたが、現時点で政界入りは果たしていない。

知人の大物プロデューサによれば、偉ぶらない人格者で知られる一方、自己イメージの保全に神経質な面があり、不死身のイメージに反して意外と病弱とのこと。だが、『ロボット2.0』（18）、『ダルバール 復讐人』（20）など話題作への主演が続いており、まだまだ現役で活躍中である。近年身のこなしとダンスに不器用さが目立つようになっていたが、それを逆手にとった最新作『Jailer〔獄卒〕』（23未）で、実年齢に見合う主人公を演じて新境地も見せている。

（山下博司）

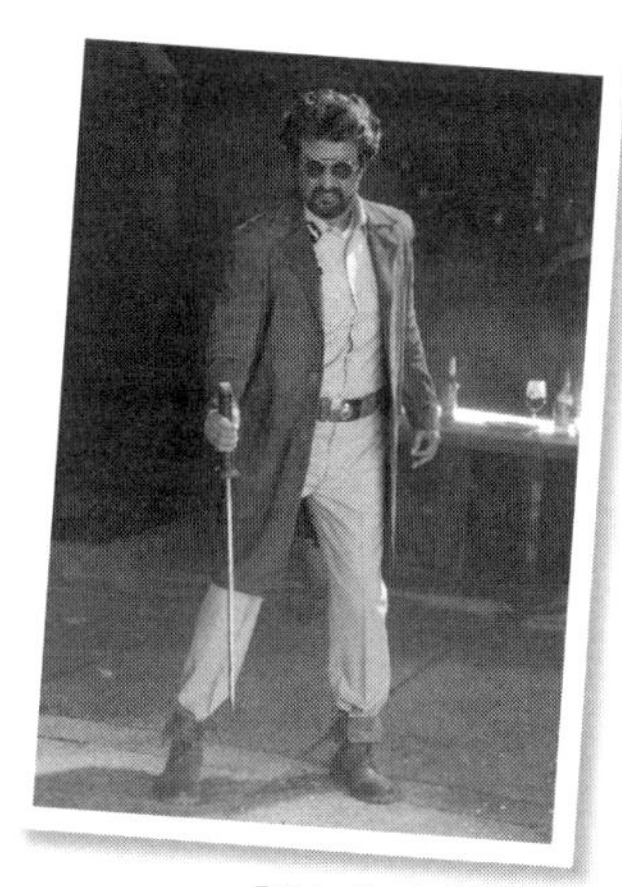

『ダルバール 復讐人』

Rajinikanth

フェミニズム

インド映画界において、2010年代は女性の10年だった。伝統的に男性スター中心に回っていた映画産業において、女性を主人公にした女性中心映画が試されるようになり、商業的に成功するものが現れ始めた。ヒンディー語映画では、『女神は二度微笑む』(12)、『マダム・イン・ニューヨーク』(12)、『クイーン 旅立つわたしのハネムーン』(14)、『パドマーワト 女神の誕生』(18)、『マニカルニカ ジャーンシーの女王』(19) などが代表例だ。それらは、インド人女性の低い地位を取り上げ、家父長制の批判、強い女性の礼賛、そして女性の自立応援を行う。同時に男性キャラの弱体化が進み、特に父親像に明確な変化が見られた。

しかし、揺り戻し現象も目立ち始めた。インドでは映画館の観客の7〜8割は男性といわれており、フェミニズムに傾いた映画界への不満が蓄積されつつあった。そこへ南インドから、昔ながらの男らしさを前面に押し出した筋肉全開のアクション大作が立て続けに送り出され、北インドのヒンディー語圏を含むインド全土で拍手喝采と共に受け入れられた。『バーフバリ』シリーズ (15・17)、『K.G.F』シリーズ (18・22)、『プシュパ 覚醒』(21)、『RRR』(22) などである。これらの作品は日本でも公開され、多くの女性ファンも獲得しているようだが、インド本国では「有害な男性性」の象徴として批判されることも少なくない。

その一方で、一部の映画において自立した強い女性の礼賛は性に奔放な女性の礼賛に先鋭化し、懸念の声も上がり始めた。従来フェミニズム映画で批判されてきた男性の行動パターンがそのまま女性に当てはめられ、逆に好意的に描かれるのである。具体的には、若年齢での処女喪失、不特定多数との性的交遊、不倫、金銭を介したセックスなどで、それらは「有害なフェミニズム」批判を受けるようにもなっている。『ブルカの中の口紅』(16)、『Virgin Bhanupriya〔処女のバーヌプリヤー〕』(20未)、『Thank You for Coming〔いかせてくれてありがとう〕』(23未) などが代表例だ。

そこまで過激ではないにしても、昨今の女性中心映画からは、女性の幸せに男性は必ずしも必要ないとのメッセージが繰り返し発信されるようになった。もし男女が関係性を持つとしても、相互依存ではなく、対等かつ自立した男女関係を望む声が支配的になっている。　(高倉嘉男)

グレート・インディアン・キッチン

The Great Indian Kitchen

岡光信子

南インド・ケーララ州の名門一家に嫁いだ若い女性が、自己のアイデンティティーと求められる理想の女性像との間のギャップに葛藤し、最終的な決断を下すまでの様子をドキュメンタリー・タッチで描いた作品である。脚本の完成には二年の歳月が費やされた。登場人物にはあえて個人名ではなく妻や夫などの役名が使われており、普遍的なテーマが意識されている。内容が大衆向けでないことから、当初から一般公開を念頭に入れず、映画祭に出品する芸術映画として制作が進められた。

結婚式を控えて、新郎とその家族が、閑静な住宅街に住む花嫁のもとを訪れるシーンから始まる。花嫁は、中東・バハレーンの首都に育ち、高等教育を受け、インド舞踊にも通じている。花婿を迎える日でも、家事を手伝わずに、仲間と一緒に楽しそうに舞踊の稽古に興じている。

結婚式場で婚礼が終わると、花婿の家に移動して、新郎新婦が菓子を食べる伝統的な儀礼が設けられる。そこでは、新妻が満面の笑顔を見せながら新生活に胸を躍らせる様子が映し出される。伝統的な生活様式に馴染みがない新妻は、理解ある姑から家事の手ほどきを受けている。しかし、姑が娘の出産準備のため家を長期に留守にしたことで、家事の負担がすべて新妻にのしかかり、にわかに暗雲が立ち込める。

婚家では家父長制度が貫かれ、衣食住に関するすべての家事は、家長である舅の言いつけ通りに、電化製品を使わない伝統的な方法でなされなければならない。新妻は朝から晩まで休む間もなく家事に追われて疲れ切っていく。夫は、妻の心身の疲労などは気にも留めず、自分の欲求を満たすためにセックスを強要してくる。妻が家事と夫のセックスから解放されるのは、生理の期間中だけであった。生理中の妻

❁2021年
❁マラヤーラム語
❁100分
[監督]ジョー・ベービ
[音楽]スラージ・S・クルップ／マチュース・プリッカン
[出演]ニミシャ・サジャヤン／スラージ・ヴェニャーラムード

は、血の穢れを避けるため、小さな部屋に隔離され、川で水浴びをし、一人で食事を摂り、触れたものすべてを洗うことを命じられる。

この作品のアイディアは、ジョー・ベービ監督の実体験から生まれている。監督の妻が第一子を妊娠したとき、監督が台所仕事をすべて引き受け、おいしいものを作るはずのキッチンが、何時間もそこに拘束されて抜け出すことができない牢獄のような場所に感じたのだという。ご飯は炊飯器を使わず鍋で炊くこと、ミキサーではなく石臼を使ってチャトニ★1を用意すること、食事は残り物ではなく毎食ごとに作ることなど、舅からの細かな指示は妻を台所に縛り付けることになる。

インドにおいて食事は非常に重要である。宗教だけでなくカーストが異なると食事内容も異なる。台所のシンクの配管が破れており、苦労して食事の準備と後片付けを済ませる合間に、素手で洗濯し、家の掃除もしなければならない。彼女は、妻という名の家事労働者に過ぎなかったのである。

二〇二〇年末、映画は完成したが、コロナ禍のあおりを受けて映画祭への出品の道が閉ざされ、テレビ放映と配信サービスを通じた作品の公開に方針転換することになる。しかし、アイヤッパン信仰の聖地で、女性の巡礼を禁じるシャバリマラ寺院の問題が作品中で取り上げられており、最高裁の判決が下って議論を呼んでいたこともあって、メディアは及び腰になり、テレビ局での放映の道が断たれたり、AmazonとNetflixからも配信を拒否された。

二〇二一年一月、弱小のNeestreamという配信会社が、英語字幕付きで本作品を放映した。作品を観た女性たちが内容に共感し、SNSなどを使って自主的に映画の宣伝を始めたところ、サーバーがダウンするほどアクセスが集中した。のちにAmazon Prime Videoでも配信されるようになると、マラヤーラム語圏を越えた世界中の人々の心を引き付けた。

この作品は、国内外の映画祭で受賞し、二〇二三年タミル語にリメイクされ、ヒンディー語のリメイクも進行中である。

★1 ココナッツなどを含むペースト状の薬味

エンドロールのつづき

Last Film Show

高倉嘉男

シチリア島の寒村で生まれ育った少年が映画と出会って熱中し、映写技師になった後に都会に出て映画監督になるという筋書きのイタリア映画『ニュー・シネマ・パラダイス』(88)は不朽の名作として名高い。インド西部グジャラート州の州公用語グジャラーティー語で作られた『エンドロールのつづき』を一言で言い表すならば、インド版『ニュー・シネマ・パラダイス』だ。

グジャラート州の寒村で生まれ育った九歳のサマイは映画の魔法に取り憑かれてしまい、学校をさぼって映画館に通い詰めるようになる。映写技師のおじさんと仲良くなり、料理上手な母親が作った弁当と引き換えに映写室に入れてもらって特等席で映画を楽しみながら、映写の仕事を間近で観察する。サマイは光、色、音、物語などを探究するようになり、終いにはフィルムを盗み出して、自前の映写機で上映会を開こうとする。

確かに『ニュー・シネマ・パラダイス』との類似は否定できない。だが、実はこれはパン・ナリン監督の自伝的作品であり、リメイクではない。グジャラート州の僻地で育ったナリン監督の人生は、サマイと同様に、少年時代に映画と出会ったことで一変した。彼は都会へ出て映画やデザインを学んだ後に世界に飛び立ち、国際的な映画監督になった。『エンドロールのつづき』は、映画との出会いという自身の原点に立ち返った物語になっており、劇中で語られる多くのエピソードは実話だという。たとえばサマイはフィルムを盗難して警察に逮捕され、少年院に入れられてしまうが、これは少年時代のナリン監督の身に実際に起こった出来事とのことである。

ただし、『エンドロールのつづき』の時代設定は二〇一〇年になっている。ナリン監督の少年時代は一九八〇年代だったはずだ。時代を現代に置き換えたことで強調されることになったのが、セルロイド製フィルムと映写機を使って

❀2021年
❀グジャラート語
❀112分
[監督・脚本]パン・ナリン
[出演]バヴィン・ラバリ／リチャー・ミーナー／パヴェーシュ・シュリマリ

映写する昔ながらの「映画」への憧憬だ。サマイが通っていた映画館にあるときデジタルシネマが導入され、映写機やフィルムが廃棄されてしまう。無味乾燥なデジタルシネマにはサマイを虜にした魔法はなく、彼は生き甲斐を失ってしまう。確かに二〇一〇年前後、インドではデジタルシネマへの転換が急速に進んでいた。映画の原題は「Last Film Show」だが、これはセルロイド製フィルムによる映画上映が最後のときを迎えたことを指していると思われる。

主人公の名前は「時間」という意味である。映写方式の転換のみならず、インドの田舎にまで押し寄せる時代の変化を主題にしていることが象徴されている。サマイの父親は田舎の駅でチャイを売っていたが、線路の広軌化や列車の電気化など鉄道の現代化によって仕事を失うことになった。だが、時代の変化はサマイにチャンスも与えた。映画を低俗なものだと決め付けていた父親はサマイの才能を認め、一転して彼を都会に送り出し映画を学ばせることにした。よって、この映画は時代の変化を後ろ向きに捉えるだけではなく、むしろ前向きな後味を残している。

ちなみに、ナリン監督は「私より多くの映画を観てきた人に会ったことがない」と豪語するほどの映画マニアだ。インド映画に留まらず、古今東西の大小作品を広く観ている。映画の冒頭には映画技術の基礎を築いたエドワード・マイブリッジとリュミエール兄弟、それにデビット・リーン、スタンリー・キューブリック、アンドレイ・タルコフスキーという三人の偉大な映画監督たちに謝辞が述べられている。映画の細部をよく観察すると、所々に尊敬する映画監督たちへのオマージュも発見できる。★1 彼は日本映画贔屓でも知られ、劇中でも小津安二郎、黒澤明、勅使河原宏といった日本人映画監督の名前が言及されている。

『エンドロールのつづき』の完成度の高さは、二〇二三年アカデミー賞の国際長編映画賞インド代表作に選ばれたことからも分かる。このときは『RRR』(22)が歌曲賞受賞という快挙を成し遂げて話題をさらってしまったために陰に隠れてしまったが、映画好きな人の琴線に特に触れる作品であることには変わりがない。

★1 三つだけ例を挙げよう。冒頭、列車がこちらに向かってくる様子が白黒からカラーになって映し出される。これはリュミエール兄弟の『ラ・シオタ駅への列車の到着』(1896)へのオマージュである。サマイが映写室から映画を覗き見したとき、スタンリー・キューブリック監督の『2001年宇宙の旅』(68)のタイトルソング「ツァラトゥストラはかく語りき」が流れるが、これはサマイの映画技術への覚醒を象徴している。終盤、子供たちが線路の上をトロリーで移動するシーンは、アンドレイ・タルコフスキー監督の『ストーカー』(79)からインスパイアされている。

プシュパ 覚醒

Pushpa: The Rise-Part1

山下博司

『プシュパ 覚醒』は、テルグ語によるアクション映画である。脚本と監督を、『ランガスタラム』(18)と同じ、スクマールが担当している。大学院で数学を専攻し、映画界入りする直前まで短大で数学を教えていた変わり種である。主演は、スクマールの監督デビュー作『Arya』(04未)でも主役を演じたアッル・アルジュン。インドで最高額のギャラを得る俳優の一人とされる。祖父の代から映画産業に関わる映画一家で、伯母もチランジーヴィと結婚している。『RRR』の主演俳優ラーム・チャランとは従兄弟同士に当たる。本作では、粗野で強靭だが、繊細な一面も持ち合わせるヒーローを演じて、高い評価を得ている。俳優デビューの前、ダンサーとしての出演経験があり、本作でもキレのいいダンスを披露している。

撮影は、アーンドラ・プラデーシュ州・ハイダラーバード郊外のラモージ・フィルムシティと、豊かな自然で知られる同州北部のマレドゥミリの森林地域で行われた。

一九九〇年代後半、アーンドラ・プラデーシュ州ティルパティ県のシェーシャーチャラム山が舞台となる。その地域だけに自生する幻の紅木(こうき)をめぐって暗躍する、組織に身を投じた青年プシュパが物語の主人公である。紅木は赤褐色をした最高級の材木で、ワシントン条約やインドの国内法で保護されており、めったに市場に出回ることがない。違法取引を通じて裏社会の権力を手中にしていく波乱の人生と、彼を待ち構える抗争の連鎖を描いて大ヒットした娯楽作品である。タイトルにある「覚醒(rise)」は、文字通りの「覚醒」ではなく、低い境遇から立ち上がり、のし上がっていくという意味になる。「プシュパ」はフルネーム「プシュパ・ラージ」の略称で、ほんらい「花」を意味する単語だが、「火炎」を意味するとプシュパ自身

❀2021年
❀テルグ語
❀178分
〔監督・脚本〕スクマール
〔音楽〕デーヴィ・シュリー・プラサード
〔出演〕アッル・アルジュン/ファハド・ファーシル/ラシュミカー・マンダンナ

が述べるシーンがある。

密売組織で働く青年プシュパは、非嫡出子であるため父方の姓を名乗ることもできず、異母兄弟から虐げられながら、実母と惨めな暮らしに甘んじていた。起死回生を誓うプシュパは、持ち前のガッツと機知で警察の摘発を逃れ、高価な紅木を搬出する使命を完遂する。親玉のレッディ三兄弟から高く評価されたプシュパは、長男コンダの側近としての地位と富とを確立する。得意絶頂のプシュパは、相思相愛だった娘シュリーヴァッリと婚約式に臨む。しかし、それを妬んだ異母兄弟に阻まれ、出生の秘密を婚約者の家族に暴露されてしまう。それを機に騒乱が起こり、結婚話は頓挫してしまう。

プシュパの話から思い当たるのは、ヴィーラッパンという名の実在の山賊。南インドの山中で、芳香を放つ白檀（サンダル）の密売、象の密猟、殺人などを繰り返し、人々に怖れられた。一方、仲間を平等に扱いカースト差別もしなかったとされ、人情味あふれる一面もあった。彼は二〇〇四年に特殊部隊との銃撃戦の末、命を落とすが（彼を扱ったドキュメンタリー映画もある）、本作にヒントを与えたとの指摘もある。

痛快なアクションシークエンス、スリルとサスペンスにあふれた本作は、歌も踊りも笑いもお色気もある娯楽映画の典型的なフォーマットに従いながら、野心、犠牲、生命、正義といった人間の根本的なテーマを追求している。オリジナルのテルグ語バージョンの封切りに伴い、各言語で吹き替えられたタミル語、マラヤーラム語、カンナダ語、ヒンディー語のバージョンも同時公開された。

本作は興行的に大成功を収め、興行収入は三六億ルピーを超えた。二〇二一年にインドで公開された映画のうち、最高の興行収入を挙げただけでなく、テルグ語映画の歴史でもっとも商業的に成功した映画の一つともなった。第六九回国家映画賞で最優秀男優賞と最優秀音楽賞に輝き、フィルムフェア賞（南インド部門）にもノミネートされ、多くの部門で受賞に浴している。二〇二四年には続編『Pushpa 2: The Rule』（未）が公開される。

燃えあがる女性記者たち

Writing With Fire

岡光信子

ヒンドゥー社会における伝統的な身分秩序である「カースト制度」は、憲法で禁止されているにも関わらず根強く現存している。ダリット（不可触民）は、カースト制度の中で最も汚れた存在と見なされ、社会・経済的な差別を被り、辛酸をなめてきた。

『燃えあがる女性記者たち』は、二〇〇二年、北インドのウッタル・プラデーシュ州でダリットの女性たち[★1]が中心となって設立した「カバル・ラハリヤ（ニュースの波）」というメディア集団に焦点を当てたドキュメンタリー映画である。「カバル・ラハリヤ」は、インド国内で女性が主導する唯一のメディアとして知られおり、ローカルな人が日常的に使用する言語（ヒンディー語）でニュースを発信し、二〇年以上にわたって独立系ジャーナリズムと不偏不党を貫いている。そのモットーは、農村ジャーナリズムとフェミニズムである。

「カバル・ラハリヤ」が取り上げるニュースは、大手のメディアが取り上げることがない、あくまでもローカルで生活に密着した草の根の問題である。二〇一六年、「カバル・ラハリヤ」は、紙媒体のメディアが衰退することに危機感を覚え、自己の存続をかけて独自のビデオ・チャンネルを立ち上げ、紙媒体からデジタル媒体に移行する方針を固めた。

映画は、明かりのない土壁の家の中で、女性記者が四人の男性に繰り返しレイプされた女性をインタビューするシーンから始まる。傍にいた被害者の夫が「カバル・ラハリヤ以外は誰も信用しない」と呟く姿から、このメディアがいかに地元の人々から信頼を得ているのかが理解される。

「カバル・ラハリヤ」に所属する記者のほとんどは、英語で高等教育を受けた大手新聞の記者と異なり、取材対象となる人々と同じように十分な教育を受けていない。このことは、彼女た

❁2021年
❁ヒンディー語
❁93分
［**監督・編集・製作**］リントゥ・トーマス&スシュミト・ゴーシュ

★1 https://khabarlahariya.org/on-turning-twenty-and-the-oscar-story-khabar-lahariya-has-a-few-things-to-say/ (2024/03/04 閲覧) https://www.npr.org/sections/goatsandsoda/2022/03/26/1088862907/writing-with-fire-is-up-for-an-oscar-but-its-subjects-say-theyre-misrepresented (2024/03/04 閲覧)

ちが取材で使うスマートフォンの扱いに必要な簡単な英語に苦闘している様子からも明らかである。本作品は、三人の女性記者（ミーラ、スニータ、シャームカリ）をキー・キャラクターに定め、彼女たちが抱える問題についても触れている。

ミーラは、一四歳で結婚して高校在学中に出産をしたが、家族の協力もあり修士号を取得している。デジタル化に備えて必要な技術を習得する研修を主宰するなど、二八人の記者の中心人物であるが、夫の仕事に対する無理解に悩んでいる。スニータは、一〇歳から鉱山で働くという辛い過去をもつが、記者として働くことに生きがいを感じている。一方、家族からは結婚のプレッシャーが絶えずかかり、独身女性ならではの悩みを抱えている。シャームカリは、夫のDVの被害者で、アルファベットの読み書きすら十分にできない新人で、スマートフォンの使用に戸惑っていた。しかし、記者として経験を積むことで徐々に自信をつけていく。「カバル・ラハリヤ」の女性記者たちは、それぞれが問題を抱えながらも、小さなスマートフォンを片手にジャーナリストとしてのプライドをもち、前向きに生きているのである。

この作品は、リントゥ・トーマス、スシュミト・ゴーシュというドキュメンタリー映像作家が、ストリーマーやスタジオの支援を受けずに五年の歳月をかけて完成させた小規模な自主映画である。二〇〇九年、二人の映像作家は、社会問題に焦点を絞ったノンフィクション映画を制作するBlack Ticket Filmsを共同で設立した。『燃えあがる女性記者たち』は、二人にとって初めての長編ドキュメンタリー映画である。

二〇二一年、この作品がサンダンス映画祭で上映されると、ワールドシネマ・ドキュメンタリー部門の観客賞と審査員特別賞を受賞し、国内外の映画祭で数々の賞を受賞した。さらに、本作品は、インドのドキュメンタリー映画として初めて第九四回アカデミー賞の長編映画ドキュメンタリー賞にノミネートされた。受賞を逃したものの、本作品はインドのドキュメンタリー映画史上に残る快挙を成し遂げ、インド映画の層の厚さを世界に知らしめた。

燃えあがる女性記者たち

ヒンドゥー教至上主義

2014年から中央で政権を握るインド人民党（BJP）はヒンドゥトヴァ（ヒンドゥー教至上主義）を掲げている。インドの選挙は社会をどの切り口で分断し、どの集団を票田にするかが重要だが、BJPは社会を宗教で分断し、全人口の約8割を占めるヒンドゥー教徒の支持獲得を目指している。よって、ヒンドゥー教徒に有利な政策を推し進めるが、一方で、最大の宗教少数派イスラーム教徒がスケープゴートになっている。

もともとインドの映画界、特にムンバイを拠点とするヒンディー語映画界は、コスモポリタンかつリベラルな業界として知られていた。トップスター「3カーン」が全員イスラーム教徒という点からも分かるように、スターの人気に宗教は関係なく、異宗教間結婚も一般的で、映画が発信するメッセージも宗教融和を基調とする。

しかしながら、映画界にも既にヒンドゥー教至上主義が浸透している。ナレンドラ・モディ首相の支持を隠さない人が業界内に増え、モディ首相の個人崇拝、パキスタンに対する戦勝の神話化、BJPの政策の啓蒙などをする映画が目立ち始めた。

代表例は、印パ対立の火種カシュミール地方の問題を扱った『The Kashmir Files〔カシュミール事件簿〕』（22未）だ。通常、カシュミール問題というとイスラーム教徒住人が当局から受けている迫害が話題になる。ところがこの映画では視点を逆転させ、動乱の中でカシュミール地方から追い出されたヒンドゥー教徒たちの苦境が大げさに描写された。結果として、イスラーム教徒に対するヒンドゥー教徒の憎悪が増幅された。インド独立以来、この地域は憲法によって一定の自治権が認められていたが、モディ首相は2019年にその自治権を強引に剥奪し完全併合した。映画はその歴史的な決断を支持する内容にもなっている。映画は物議を醸したが、同年最大のヒット作の一本にもなった。

露骨ではなくても、イスラーム教徒を敵に設定した映画が増えた。日本公開作にも『パドマーワト　女神の誕生』（18）などがある。とはいえ、『The Great Indian Family〔偉大なインドの家族〕』（23未）や『タイガー　裏切りのスパイ』（23）など、印パ親善や宗教融和を訴える映画は健在であり、インド映画の根本的な価値観は揺らいでいない。『燃えあがる女性記者たち』（21）のように、BJPに批判的な映画が作られる余地も残っている。（高倉嘉男）

Writing With Fire

シャー・ルク・カーン

1965年11月2日、デリー生まれのヒンディー語映画俳優。90年代からヒンディー語映画界を牽引する「3カーン」の一人で、「キング」の異名を持つ。頭文字の「SRK」で呼ばれることも多い。

「3カーン」の他の2人が映画一家出身なのとは対照的に、一般的な中流家庭の出である。大学時代に演技を始め、TVドラマ俳優として身を立てた後、ボンベイ（現ムンバイ）に乗り込んだ。

本人はアクションヒーロー志望だったようだが、主演した『シャー・ルク・カーンのDDLJラブゲット大作戦』（95）や『Kuch Kuch Hota Hai［何かが起こってる］』（98未）などのロマンス映画が国民的な大ヒットとなり、時代を代表するロマンスヒーローになった。「3カーン」の中では特に女性ファンが多く、海外のインド系移民にも人気だ。近年はアクション映画への出演も目立つ。

映画製作会社レッドチリ・エンターテインメントの創業者およびプロデューサーとしての一面も持っており、VFX革新を先導している。彼の作品にはいち早く最新技術が導入される傾向にある。

日本で劇場一般公開された主演作に、『ラジュー出世する』（92）、『アシュラ』（94）、『ディル・セ 心から』（98）、『家族の四季 愛すれど遠く離れて』（01）、『たとえ明日が来なくても』（03）、『恋する輪廻 オーム・シャンティ・オーム』（07）、『ラ・ワン』（11）、『闇の帝王DON ベルリン強奪作戦』（11）、『命ある限り』（12）、『チェンナイ・エクスプレス 愛と勇気のヒーロー参上』（13）、『PATHAAN／パターン』（23）がある。

『PATHAAN／パターン』

娘のスハーナー・カーンは既に女優デビューしている。シャー・ルクと瓜二つの息子アーリヤン・カーンは監督志望で、彼のデビューも待ち望まれている。（高倉嘉男）

Shah Rukh Khan

ブラフマーストラ

Brahmastra Part One: Shiva

高倉嘉男

❀2022年
❀ヒンディー語
❀167分
[監督]アヤーン・ムカルジー
[出演]ランビール・カプール／アーリヤー・バット／アミターブ・バッチャン／シャー・ルク・カーン

二〇一〇年代半ば以降、ヒンディー語映画界は二つの勢力から挟撃を受けていた。ひとつは南インド映画だ。『バーフバリ』シリーズ（15・17）が全インドを席巻して以来、南インドから力作が次々と北インドに押し寄せ、圧倒されていた。もうひとつはマーベル・シネマティック・ユニバース（MCU）だ。MCUのスーパーヒーロー映画群はインドの子供たちの心も捉えた。

インド神話をモチーフにしたスーパーヒーロー映画『ブラフマーストラ』は、それら二つの脅威に対するヒンディー語映画界からの強力なアンサーだ。三部作構成で、インド本国で二〇二二年に公開された第一章シヴァ編が、『ブラフマーストラ』になる。第二章デーヴ編はインド本国でも未公開だ。これらの作品はMCUに倣って「アストラバース」と呼ばれるユニバースを構成する。

プロデューサーはヒンディー語映画界の重鎮カラン・ジョーハル、監督は『若さは向こう見ず』（13）のアヤーン・ムカルジー。ヒンディー語映画界の総力を結集したオールスターキャストで、第一章だけでも、アミターブ・バッチャン、シャー・ルク・カーン、ランビール・カプール、アーリヤー・バット、ディーピカー・パードゥコーンなど、そうそうたる大スターたちが肩を並べている。最近流行の「汎インド映画」[★1]を狙った作りにもなっており、南インド諸語の吹替版が同時公開され、テルグ語映画界のスター、ナーガールジュナが起用された。さらに、『バーフバリ』シリーズや『RRR』（22）のS・S・ラージャマウリ監督も広報に協力している。

『ブラフマーストラ』で描かれるのは、持つ者にスーパーパワーをもたらす神器「アストラ」の数々と、全アストラの頂点に立ち、世界を滅ぼす力が込められた最強のアストラ「ブラフマーストラ」を巡る善悪の攻防だ。ちなみに

★1 インドの映画産業は言語別に独立して発展してきたが、吹き替えなどの手段を使って言語の壁を越え、各映画界から選りすぐりのスターたちを起用して、インド全土の市場をターゲットにすると同時に、巨額の興行収入を見込んで大予算を投じて作られた作品を「汎インド映画（Pan-Indian Film）」と呼ぶ。

ブラフマーストラはインド神話に実際に登場する最強の武器で、それが使用されたときの恐ろしい描写は核兵器を思わせる。アストラを使ったアクションシーンではCGによるド派手な演出になっている。

しかしながら面白いのは、スーパーヒーロー映画でありながら、あくまで愛を中心テーマに据え、ロマンスを基軸にしたストーリーになっているところだ。孤児として育ちDJをして生計を立てるシヴァは、ある日イーシャという女性と出会い、秘められていた能力に目覚める。シヴァは炎を操って武器にできるようになるが、その力はイーシャへの愛情が高まることで増幅する。シヴァはイーシャと共にインド各地を巡って冒険する中で、ブラフマーストラを守る秘密結社「ブラフマーンシュ」の一員となり、自身の出生の秘密も知ることになる。第二章はおそらく時間を遡り、シヴァの両親の恋愛譚になるはずである。愛というテーマにはシリーズを通して何度も立ち返ることになりそうだ。

ロマンスに比重を置いたことで、インド映画の最大の特徴である歌と踊りも自然にストーリーに織り込まれることになり、インド映画らしさを失わずに済んだという副産物もあった。副産物といえば、主演のランビールとアーリヤーは『ブラフマーストラ』の撮影中に付き合い始め、この映画の公開前に結婚したこともそのひとつであろう。

日本公開時には、ランビールよりも特別出演のシャー・ルク・カーンに注目が集まるという奇妙なねじれ現象が見られた。新規インド映画ファンはシャー・ルクを知らず、免疫がなかった。よって、冒頭のみチョイ役出演にもかかわらず圧倒的な「イケオジ」オーラを放っていたシャー・ルクにやられてしまったのである。

第二章は二〇二六年公開予定とされており、目下、第二章の主人公になるであろうデーヴ役をどのスターが演じるかが話題になっている。今回シャー・ルクが演じた科学者モーハンを主人公にしたスピンオフ映画も企画されているという。アストラバースは息の長いシリーズになりそうだ。

K・G・F：CHAPTER 2

岡光信子

『K.G.F: CHAPTER2』は、カンナダ語映画『K.G.F』シリーズの第二弾。主演俳優のヤシュや監督はじめ主要スタッフが本作でも続投している。CHAPTER2には、主要キャラクターのひとりにヒンディー語映画のスター、サンジャイ・ダットがキャスティングされ、多言語★1での公開を意識した作品となっている。サンジャイ・ダットは、本作品でカンナダ語映画デビューを果たした。

本作品は、カンナダ映画史上最高額の製作費が投入され、金鉱（K.G.F）の大型セットをはじめディテールにこだわり、七〇年代の設定に合わせて、当時使われていた電話や小道具、衣装などを正確に再現している。撮影は、『K.G.F: CHAPTER1』（18）の一部と重なっているが、二〇一九年三月に始まり、コロナウィルスによるロック・ダウンで一時中断を余儀なくされ、二〇年一二月に終了した。

本作は、ロッキーが死闘の末、K.G.Fを手中に収めてからの物語である。ロッキーは、スーリヤワルダンの次男ヴィラトを殺害し、最高幹部を配下に置き、隠されていた鉱山の採掘を始める。ロッキーとデサイの娘リナとのロマンスも含まれる。殺害されたはずのスーリヤワルダンの弟アディーラが、K.G.Fを奪還するためにロッキーの前に立ちふさがり、アディーラは、金の輸出を妨害しロッキーは窮地に追い込まれる。一九八一年、インディラ・ガンディーを想起させるラミカ・センが首相に就任し、新たな脅威となる。

『K.G.F: CHAPTER2』の見所は、ロッキーを演じるヤシュの魅力に尽きる。ヤシュは、演技力に定評があったが、グッド・ルッキングを生かした恋愛ものの映画の出演が多かった。しかし、本作品では七〇年代風のスーツを着こなすスーパー・ヒーローを演じ、激しいアクションの中にも美しい容姿が際立っている。ヤシュの俳優としての新境地が詰まった続編が期待される。

❁ 2022年
❁ カンナダ語
❁ 166分
[**監督・脚本**]プラシャーント・ニール
[**音楽**]ラヴィ・バスルール
[**出演**]ヤシュ／シュリーニディ・シェッティ／ラヴィーナー・タンダン／サンジャイ・ダット

★1 カンナダ語、テルグ語、タミル語、マラヤーラム語、ヒンディー語

タミル語映画

南インドの映画は、ヒンディー語などと異なるドラヴィダ語族の諸言語で作られ、独自の個性と味わいを有する。特にタミル語映画は、タミル語が南インドで最古の言語であることから、タミル人のもつ言語文化的自負心が作品の端々に顕れている。

タミル語映画の中心地チェンナイは、すでにサイレント映画の時代に産業複合体が成立し、南インド全体の製作拠点としての地位を確立していた。今でこそムンバイの後塵を拝しているが、チェンナイが、撮影所の数、資本の投資、興行収入、産業従事者数でインド随一だった時期もある。

タミル語の映画史は、4リールの長さのタミル語トーキー第1号『Kalidas〔カーリダース〕』(31未)に始まる。作品中では、タミル語に加え、役によってテルグ語やヒンディー語も用いられ、インド初の多言語トーキーでもあった。しかしその時点では、タミル語のトーキーもムンバイやコルカタで作られており、チェンナイでのタミル語映画の製作は『Srinivasa Kalyanam〔ヴィシュヌ神の結婚〕』(34未)をもって嚆矢とする。この映画は、音響設備付きのスタジオで製作されたものとして南インド初の作品でもあった。タミル語映画でも歌や踊りを盛り込んだ娯楽映画が主流をなしたが、社会的な問題意識に根ざす佳作が多いのも特徴で、国内外の映画祭に出品され受賞する作品も少なくない。海外への配給も盛んで、欧米のほか、タミル系の移民が多い東南アジア、オーストラリア、湾岸諸国など広い範囲にわたっている。

日本との関係を辿ろう。インド映画がはじめて日本で公開されたのは1954年。その年に上映されたインド映画2本のうちの1本が、日本語に吹き替えられたタミル語映画『灼熱の決闘』(48)だった(これはインド全域で配給された初のタミル語映画でもある)。

その後、ヒンディー語映画が多く紹介されて、タミル語のものは影が薄くなるが、97年のスハーシニ・マニラトナムの『インディラ』(95)が口火を切って、再び認知され劇場公開されるようになる。翌98年にはマニラトナム『ボンベイ』とK・S・ラヴィクマール『ムトゥ 踊るマハラジャ』(95)が東京で並行して公開され、特に後者がインド映画ブームに火をつけた。ブームはやがて一段落するが、その後もコンスタントに紹介されて今に至っている。

(山下博司)

Ponniyin Selvan Part One

PS1 黄金の河

Ponniyin Selvan Part One

山下博司

南インド中世のヒンドゥー王国・チョーラ王朝を題材にしたマニラトナム監督による初の歴史大作である。原作は、「カルキ」ことラーマスワーミ・クリシュナムールティ（一八九九～一九五四）による時代小説『ポンニイン・セルヴァン』。タミル語小説の中で長編として稀に見るベストセラーを記録し、現地語による戯曲化もなされて、本作にも登場する名優のナーサルが舞台で主役を演じている。筆者も一九九九年にチェンナイの野外劇場で観劇する機会に恵まれている。これまで映画化が待望されてきたが、このたびマニラトナム監督が興した製作会社マドラス・トーキーズとチェンナイのライカ・プロダクションズによって実現の運びとなった。

物語の舞台は中世の南インド・タミル地方、その「中原」とも称すべき大河カーヴェーリの中流域（タンジャーヴール地域）。「ポンニ」は、南インドのガンジスとも呼ばれるこの聖河の別名で「黄金の河」を意味する。「ポンニイン」はその所有格であり、「セルヴァン」は男子の美称で、「栄えある男」のような意。したがって「ポンニイン・セルヴァン」は「聖河カーヴェーリの申し子」とでも訳すことができる。

一回で完結する構想のもとに二〇一九年にクランクインしたが、やがてPS1、PS2の二部作として完成し、1が二〇二二年に、2は翌二三年に公開されている。

チョーラ王朝の絶頂期を演出したラージャラージャ王の若き日々と人間模様とを扱う前編『PS1 黄金の河』では、登場人物たちそれぞれの思惑と関係性が、絢爛豪華な群舞や壮大な戦闘シーンなどの圧倒的な映像美を駆使して描かれている。

一〇世紀の南インド・タミル地方で勢力を伸張しつつあったチョーラ王朝。しかし盟主のスンダラ王が長らく病床に伏し、臣下たちは王子

❀2022年
❀タミル語
❀167分
［**監督**］マニラトナム
［**音楽**］A・R・ラフマーン
［**出演**］ヴィクラム／アイシュワリヤー・ラーイ／ジェヤム・ラヴィ／カールティ／トリシャー・クリシュナン

ではなく王の従弟を次期国王に擁立しようと策謀をめぐらしていた。二人の王子——アーディタとアルンモリ（＝ポンニイン・セルヴァン）——がそれぞれ北方と南方で版図拡大を期して戦役に従事する中、聡明な王女クンダヴァイが、都にいて王朝を采配していた。王の子供であるこれら三人の兄弟姉妹は、周囲の不穏な動きを察知し、共同でこれに対抗すべく若き騎士デーヴァンを密使として送り出す。他方、美貌が際立つ重臣の妻ナンディニは、夫を蔭で操りチョーラ王朝に揺さぶりをかけようと画策していたが、その伏線には、アーディタとの過去の悲恋と確執が横たわっていた。

プレイバックシンガーとしても活躍する異色の俳優ヴィクラムがアーディタを、子役出身のジェヤム・ラヴィがアルンモリを演じている。ほかに、『囚人ディリ』(19)のカールティが若い武将デーヴァンを演じ、アイシュワリヤー・ラーイがナンディニ役で登場している。

音楽を担当するのは、『ロージャー』(92)での鮮烈な映画音楽デビューを果たして以来、マニラトナム監督の映画作品では常連のA・R・ラフマーン。作品中に散りばめられたオリジナルの六曲は、画面構成や舞踊の美しさと相俟って、きわめて高いレベルに仕上がっている。作詞担当は詩人イランゴー・クリシュナン。映画の挿入歌に歌詞をつけるのは本作がはじめてとのことだが、タミル語の古代・中世文学から着想を得るなど、味わいの深い詞を提供している。

本作は巨大な予算をつぎこんだ大作で、二部併せて一〇〇億円ほどが投じられたとされる。実写に重きを置いた戦闘シーンのスペクタクルが一大特色をなすが、ドラマの要素にも卓越したものがある。言語的には、カルキの原作に則って、現代の口語タミル語ではなく真正なタミル語（シェンタミル）で台詞が発せられており、中性的な味わいを醸し出すのに貢献している。

マニラトナム監督としては初めての歴史大作だが、陰影の効果的使用、鏡やカーテンを援用した女性心理の巧みな描写、時に聴きとりにくさを感じるほど自然な会話の運びなど、彼の本領がここでも見事に発揮されている。

ヴィクラムとヴェーダ ヒンディー版

Vikram Vedha

高倉嘉男

インド映画はしばしば「勧善懲悪」という言葉で特徴付けられる。確かにインド映画は善と悪をはっきり分けた上で、最後に善を勝たせ、悪を負かせることで、ハッピーエンドを演出することが多い。そもそもダシャハラー祭などインドの祭礼の多くが悪に対する善の勝利を祝っている。だが、ヒンディー語映画『ヴィクラムとヴェーダ』を観ると、そんな固定観念は覆されてしまうだろう。

監督は夫婦で映画を撮るプシュカル＆ガーヤトリ。元々タミル語映画を撮ってきた映画監督だ。彼らが二〇一七年に作ったタミル語の同名作品を自分たち自身でヒンディー語リメイクし、二〇二二年にリリースした。

タミル語オリジナル版では、『きっと、うまくいく』（09）のR・マーダヴァンがヴィクラムを、『マスター 先生が来る！』（21）のヴィジャイ・セードゥパティがヴェーダを演じたが、ヒンディー語リメイク版では、サイフ・アリー・カーンがヴィクラムを、リティク・ローシャンがヴェーダを演じた。四人ともそれぞれ各映画界を代表するスターであり、キャリアベストの演技を見せている。ちなみに、サイフとリティクの共演は二〇年振りとなる。

『ヴィクラムとヴェーダ』は、警察がギャングを追うクライムサスペンス映画だが、その着想部分にインドらしさを秘めている。

実はこの映画は、「屍鬼二五話」という古代インドの説話集をベースにしている。ヴィクラマーディティヤという王が、国を襲う飢饉を終わらせるため、呪術師の助言に従って、ヴェーターラという屍鬼を捕らえにいく。ヴェーターラは苦難を乗り越えてやって来たヴィクラマーディティヤ王に物語を聞かせ、最後に謎かけをする。その謎かけに正答するとヴェーターラは捕まらず、答えられないと王は死に、誤答する

❀2022年
❀ヒンディー語
❀157分
［監督・脚本］プシュカル＆ガーヤトリ
［音楽］サム・C・S
［出演］リティク・ローシャン／サイフ・アリー・カーン／ラーディカー・アープテー

と捕まるという奇妙な条件付きだった。ヴィクラマーディティヤ王はヴェーターラの謎かけについ正答してしまうことを繰り返し、なかなか捕まえられない。その間に屍鬼は王に二五の話を聞かせるという枠物語である。

『ヴィクラムとヴェーダ』の中でも悪役ヴェーダは主役の警察官ヴィクラムに数回捕まるが、その度にヴィクラムに物語を聞かせ、最後に謎かけをする。映画全体を貫くのは、善と悪は必ずしもはっきりと分けられるものではないという主張だ。人生において我々は時に選択を強いられるが、どちらの選択肢も悪ということもあるし、どちらの選択肢も善ということもある。往々にして両方を一度に選ぶことはできず、ジレンマに陥る。ヴェーダの語る物語とそのジレンマは彼自身の過去の経験であり、ヴィクラムが現在直面している問題にも直結しているという凝った構造になっている。暴力描写はやや過激であるが、ストーリーの理解には知性を要する。

そもそもヴィクラムは、「エンカウンター・スペシャリスト」という特殊な警察官である。「エンカウンター」とは、ギャング同士の抗争に悩まされていた一九八〇年代のムンバイで始まった警察の超法規的殺人だ。警察はギャングを逮捕する代わりに、銃撃戦の末の正当防衛という名目で射殺するようになった。エンカウンターの文化はインド全土に広まり、それを専門にする警察官も生まれた。おかげで街からギャングは一掃されたが、射殺後に正当防衛を演出するという完全な違法行為が警察で横行するようにもなった。映画の冒頭でもヴィクラムによるエンカウンターの偽造が描写される。

『ヴィクラムとヴェーダ』を観ていると、観客の脳内において、警察が善でギャングが悪という観念は消え去り、善と悪の境界線が曖昧になってくる。映画全体を通して、いくらギャングが悪であっても、それを一網打尽にするために、善であるはずの警察が犯罪行為をしていいのか、つまり、目的が正しければ手段は悪でもいいのか、そんな問い掛けが観客に投げ掛けられ続ける。それに答えるために、あなたは何度もこの映画を見直すことになるだろう。

PATHAAN

PATHAAN／パターン

浦川留

〝キング・オブ・ボリウッド〟シャー・ルク・カーン主演による二三年の大ヒット作。インド映画世界興収で歴代六位（同年末時点）に食い込む成績をおさめ、当時テルグ語映画やカンナダ語映画の話題作に押されがちだったヒンディー語映画界にとって挽回の起爆剤となった。

総じてインドの娯楽映画はシンプルなタイトルのインパクトが強く（PKとかダバングとかケサリとか）、本作もまたしかり。パターンとは主にアフガニスタンからパキスタンにまたがる高地に住むパシュトゥーン人のことで、本作ではシャー・ルク演じる主人公のコードネーム。その出自を意味するのではないが深いかかわりを持つことが劇中で示される。

ストーリーは王道のスパイ・アクションだ。インドの諜報機関ＲＡＷのエージェントであるパターンは何度も死地をくぐり抜けてきた伝説の男。インドを標的とするテロ計画の情報を摑んだパターンと仲間たちは祖国を守るため出動するが、武装グループを率いる元ＲＡＷ所属のジム、およびパキスタン諜報機関ＩＳＩのルバイの謀略にほんろうされていく。

世界各地を舞台に展開する諜報戦とアクションのスケール感は、『ミッション・インポッシブル』『007』などハリウッド大作シリーズの向こうを張ったハイレベルな仕上がり。いや、向こうを張るどころか自信満々にボリウッドパワーを見せつけた感すらある。お約束のゴージャスな歌舞シーンは言うに及ばず、シャー・ルクとディーピカーの目もくらむばかりのスターオーラの前には、どこかで見たようなシーンの既視感もかすんでしまうほどだ。

もとよりインドは伝統的に国産映画の国内興行シェアが八割以上と高く、ハリウッドの対抗軸ではない映画文化を誇る。そこはゆずらず、かつ海外作品にも学びながら世界市場に

❀2023年
❀ヒンディー語
❀146分
［監督］シッダールト・アーナンド
［出演］シャー・ルク・カーン／ディーピカー・パードゥコーン／ジョン・エイブラハム／ディンパル・カパーディヤー／サルマーン・カーン

打って出てきたといえる。本作では、『バンバン！』（14）『WAR!! ウォー』（19）のヒットメーカー、シッダールト・アーナンド監督が『トップガン マーヴェリック』（22）のスタント・コーディネーターをつとめたケイシー・オニールをアクション監督に起用。シャー・ルクとディーピカーが見せる限界突破的アクションに大きく寄与したことは確かだろう。

さてそのディーピカーだが、あるダンスシーンの腰つきがセクシーすぎるとの批判が一部にあったという。なるほど、とは思う。ただし個人的見解を述べるなら、ダンスシーンであろうがなかろうがセクシーさがきわだっていたのはむしろシャー・ルク・カーンである。というのもディーピカーの一分のスキもない完璧な美しさと好対照を成すかたちで、シャー・ルク演じるパターンはスキだらけの（もちろんそれはそれで計算ずくの）ヒーローなのだ。風になびく長い乱れ髪、今にも脱げ落ちそうなタンクトップ、もの言いたげに潤んだまなざし、両手を広げシャツがはだけて割れた腹筋があらわになるトレードマークの決めポーズ……ほとばしる男の色気がこれほど似合うスターもそういない。

数ある見せ場の中でも、〝タイガー〟サルマーン・カーンの友情出演には興奮させられた。ボリウッド3大カーンのうち二人がそろって大暴れするアクションに加え、中年トークで笑わせるサービス。多幸感とはまさにこのことだ。

『タイガー 伝説のスパイ』（12）の主人公タイガーは、パターンと同じくRAWの大物エージェント。また本作には登場しないが『WAR!! ウォー』でリティク・ローシャンが演じたカビールも同様だ。これらの作品群は映画会社ヤシュ・ラージ・フィルムズ（YRF）が打ち出したYRFスパイ・ユニバースの一環であることが明かされており、MCU（マーベル・シネマティック・ユニバース）などハリウッドのバース系のボリウッド版といえる。であれば本作は続編が期待できるし、『タイガー』系列の最新作『タイガー 裏切りのスパイ』（23）にはシャー・ルク演じるパターンがゲスト登場！『WAR!!』のシリーズ展開も今から待ち遠しい。

Tiger 3

タイガー 裏切りのスパイ

高倉嘉男

『タイガー』シリーズは大手映画製作配給会社ヤシュ・ラージ・フィルムズ（ＹＲＦ）が送り出すスパイアクション映画シリーズであり、「３カーン」の一人であるサルマーン・カーンが「タイガー」というコードネームのスパイを主演している。これまでに『タイガー 伝説のスパイ』（12）と『タイガー 蘇る伝説のスパイ』（17）の二作が作られ、この『タイガー 裏切りのスパイ』はシリーズ三作目となる。

また、シャー・ルク・カーン主演のスパイアクション映画『PATHAAN／パターン』（23）から新たに「ＹＲＦスパイ・ユニバース」というコンセプトが打ち出され、過去にＹＲＦが作ったスパイアクション映画が全てひとつのユニバースにまとめられることになった。こうして『タイガー』シリーズは、リティク・ローシャン主演『ＷＡＲウォー‼』（19）や『PATHAAN』と共にＹＲＦスパイ・ユニバースに組み込まれたのである。このユニバースではシャー・ルク・カーン、サルマーン・カーン、リティク・ローシャンという三人の大スターがそれぞれパターン、タイガー、カビールというスパイを主演しており、相互にカメオ出演をするのがお約束になりつつある。『PATHAAN』でもタイガーのカメオ出演があったのは記憶に新しい。ちなみに、インドで「スパイ」といえば、実在する対外諜報機関ＲＡＷ（研究分析局）のエージェントを指す。

『タイガー』シリーズの特色はインドとパキスタンの親善だ。インドとパキスタンは一九四七年に分離独立した姉妹国家であるが、犬猿の仲であり、過去に少なくとも三回戦火を交えている。両国とも核保有国であり、印パの関係悪化はそのまま核戦争危機に直結する。二〇一〇年代半ばから印パ関係は悪化の一途を辿っており、その世相を反映してか、近年のヒンディー語映画ではパキスタンを露骨に敵視

❀２０２３年
❀ヒンディー語
❀１５６分
［監督］マニーシュ・シャルマー
［出演］サルマーン・カーン／カトリーナ・カイフ／イムラーン・ハーシュミー

した作品が目立つようになった。だが、最新作『タイガー 裏切りのスパイ』では一貫して印パ親善が訴えられており、安心する。

『タイガー』シリーズにおいて印パ親善を象徴しているのが、主人公タイガーとその妻ゾヤの関係だ。カトリーナ・カイフ演じるゾヤはパキスタンの諜報機関ＩＳＩの元エージェントであり、二人は国家間の対立を超越して恋愛をし、結婚もした。シリーズを通して印パ両国が一時的に協力してより大きな問題に立ち向かう姿が描かれ、そこにパキスタンに対する批判的な主張は感じられない。『タイガー 裏切りのスパイ』でも、印パ親善を訴える女性政治家がパキスタンの首相になり、インドに対して平和協議を訴える他、タイガーはインド人スパイでありながら、パキスタンをクーデターによる国家転覆から救おうとするのである。

本作ではゾヤの過去にも焦点が当てられる。悪役アーティシュはゾヤの父親を恩師とし、父親の死後はゾヤの後見人になった。過去にタイガーとアーティシュに接点があったことも明かされる。アーティシュを演じるのは、プレイボーイ俳優イムラーン・ハーシュミーである。

監督が次々に交代するのも『タイガー』シリーズの特徴だ。『タイガー 裏切りのスパイ』の監督に選ばれたのはマニーシュ・シャルマー。恋愛映画を得意としていた監督であるが、今回はアクション映画に初めて挑戦し、新たな可能性を示した。世界各国を転々としながらストーリーが進行するスケールの大きな映画であり、アクションシーンもバラエティーに富んでいる。特にカトリーナがトルコのハンマーム（浴場）にてバスタオル一枚で中国人女性カンフー使いと格闘するシーンは、色気と異国趣味とアクションの見事な融合であった。

インドのシリーズ物映画では作品間にストーリー上のつながりがないことも多いが、ＹＲＦスパイ・ユニバースや『タイガー』シリーズに関しては公開順に鑑賞することを勧めたい。そうすれば、『タイガー 裏切りのスパイ』に用意されているファンサービスのサプライズもフルで楽しめるようになるだろう。

コラム

インド映画界の血縁関係

高倉嘉男

インド映画の歴史は百年余りだが、映画を代々の家業とし、いわゆる「映画カースト」と呼ばれる家系が既にいくつも確立しており、各映画界で幅を利かせている。どの映画界でも、かつて映画作りがもっと小規模かつ非公式なビジネスだった時代には、家族や親類が寄り集まり、血縁や友情をベースに牧歌的な映画作りを行っていた。古き良き時代のその慣習が今でも残存しているというのが実態だと考えられないこともないが、時に彼らは既得権益を守るために「カルテル」のような徒党を組み、アウトサイダーの排除をするとされ、問題が表面化することもある。

スターキッドとアウトサイダー

インド各地の映画界で活躍するスターたちは大きく二種類に分類される。ひとつは映画監督や映画俳優などを親や後ろ盾に持ち、将来スターになるべく幼少時から子役出演、演技ワークショップ、現場下積みなどの英才教育を施され、成長後に満を持してデビューし人気を獲得した「スターキッド」組、もうひとつは、そのような背景は一切持たず、容姿と才能と野心を武器に、外部から映画産業に飛び込んで成功した「アウトサイダー」組である。

スシャーント・シン・ラージプート
『きっと、またあえる』

『きっと、またあえる』(19)の主演スシャーント・シン・ラージプートが二〇二〇年に突然自殺をした。スシャーントは外部から飛び込んだアウトサイダー型の俳優で、地道にキャリアを積み重ね、将来を嘱望される若手スターに成長した。彼の自殺の理由に挙げられたのがネポティズム(縁故主義)、つまり、映画産業内で絶大な権力を誇るスターとその取り巻きによる排外主義だったとされている。この事件をきっかけに、スターキッドに対する世間の風当たりは一時的に激しくなったのだが、依然としてスターキッドの権力は失われていないばかりか、ますます強固になっている印象も受ける。

そこでここでは、各映画界の有力な映画家系を取り上げる。とはいってもインド全国には多くの映画家系があり、それぞれ複雑につながっていて、全てを網羅するのは困難だ。そこで、日本でも大ヒットした『RRR』(22)に出演していた南北のスターたちを起点に、ケーススタディーとして南北映画界の血縁構造を紐解いていきたい。

南インド ナンダムーリ家、コニデラ家、アッル家

まず、『RRR』の主演、NTRジュニアとラーム・チャランは、どちらも血統書付きのスターキッドだ。

NTRジュニアの祖父はテルグ語映画界の伝説的な大スター、N・T・ラーマ・ラオ、いわゆるNTRシニアである。NTRシニアは映画スターとして獲得した絶大な人気を武器に一九八二年にテルグ・デサム党を立ち上げて政界に進出し、アーンドラ・プラデーシュ州の州首相も務めた。よって、彼らの属するナンダムーリ家は映画カーストと同時に政治家一家の一面も持ち合わせている。一族から多

くの俳優や映画プロデューサーなどを輩出している他、テルグ・デサム党の有力政治家チャンドラバーブ・ナーイドゥと血縁関係にもあるなど、政界にも強い影響力を持つ。

一方、ラーム・チャランの父はこれまたテルグ語映画界のメガスター、チランジーヴィである。NTRシニアが政界進出した一九八〇年代に入れ替わるようにスターとして台頭した。チランジーヴィの属するコニデラ家にもやはり映画関係者が多い。たとえばチランジーヴィの弟パワン・カリヤーンもトップスターの一人である。また、チランジーヴィの妻、つまりラーム・チャランの母であるアッル・スレーカは、テルグ語映画界の大プロデューサー、アッル・アラヴィンドの妹だ。アッル家も映画カーストであり、『プシュパ 覚醒』(22)の主演アッル・アルジュンはアッル・アラヴィンドの息子になる。よって、ラーム・チャランとアッル・アルジュンは従兄弟関係になる。ナンダムーリ家と同じく、コニデラ家も政界に進出している。チランジーヴィは二〇〇八年にプラジャー・ラージャム党を立ち上げ政界進出した。だが、政治家としては大成せず、現在は引退気味である。代わって弟のパワン・カリヤーンもジャナ・セーナ党を立ち上げて政治家として活動している。

アッル・アルジュン
『プシュパ 覚醒』

北インド
バット家、カプール家、パタウディー王家、ナンダー家、バッチャン家

『RRR』はテルグ語映画であるが、ヒンディー語映画界のスターも出演している。その中でも有力なバックグラウンドを持つのが、シータ役のアーリヤー・バットだ。アーリヤーの父親はヒンディー語映画界の重鎮の一人マヘーシュ・バットである。一九八〇年代から監督として活躍してきた人物で、当初は社会派映画寄りだったが、九〇年代から娯楽

イムラーン・ハーシュミー（右）
『タイガー 裏切りのスパイ』

映画も手掛けるようになり、二〇〇〇年代からはプロデューサーとして数々のヒット作を送り出すようになった。また、アーリヤーの叔父ムケーシュ・バットはプロデューサー、異母姉プージャー・バットは女優・監督、従兄モーヒト・スーリーは監督など、バット一族には映画関係者がひしめいている。『タイガー 裏切りのスパイ』(23)の悪役イムラーン・ハーシュミーもアーリヤーの遠い親戚に当たり、バット家の一員になる。

アーリヤーは二〇二二年に『ブラフマーストラ』(22)で共演したランビール・カプールと結婚した。カプール家こそ、インドでもっとも高貴な血統の映画家系である。曾祖父プリトヴィーラージ・カプールはインド映画黎明期の大スターであるし、その息子ラージ・カプールも国際的に人気を博した偉大な監督・俳優で

ランビール・カプール&アーリヤー・バット『ブラフマーストラ』© Star India Private Limited.

サイフ・アリー・カーン（左）
『ヴィクラムとヴェーダ ヒンディー版』
© YNOT Studios and the others

あった。ラージの息子ランディール・カプールやリシ・カプールなどもやはりスター俳優であり、リシの息子がランビール・カプールになる。つまり、ランビールは名門カプール家の四代目だ。また、九〇年代のトップ女優カリシュマー・カプール、二〇〇〇年代のトップ女優カリーナー・カプールはランディールの娘であり、ランビールの従姉にあたる。

カリーナーは、パタウディー王家の御曹司サイフ・アリー・カーンと結婚した。サイフは『ヴィクラムとヴェーダ ヒンディー版』(22)などに出演した人気俳優だ。サイフの母は女優シャルミラー・タゴールであるが、その姓からも分かるように、アジア人初のノーベル文学賞受賞者ラビンドラナート・タゴールの家系である。サイフの妹ソーハー・アリー・カーン、前妻との間にできた娘サーラー・アリー・カーンも女優である。

ラージ・カプールの娘リトゥは実業家ラジャン・ナンダーと結婚し、その間に生まれたニキル・ナンダーはアミターブ・バッチャンの娘シュエーターと結婚した。アミターブは『炎』(75)などに出演して絶大な人気を誇った伝説的な大スターだ。カプール家とバッチャン家はナンダー家を介して縁戚関係にある。ニキルとシュエーターの間に生まれたのがアガスティヤ・ナンダーで、Netflix映画『アーチーズ』(23)でデビューしたばかりだ。

アミターブ・バッチャンは『炎』で共演した女優ジャヤー・バードゥリーと結婚した。二人の間に生まれた長男がアビシェーク・バッチャンで、やはり俳優をしている。アビシェークの妻アイシュワリヤー・ラーイは、九四年のミス・ワールド勝者であり、九〇年代から二〇〇〇年代にかけてトップ女優として君臨した。

プリトヴィーラージ・カプールの従兄弟にスリンダル・カプールがおり、やはりプロデューサーだった。スリンダルの息子たちも俳優だが、その中でも『スラムドッグ$ミリオネア』(08)に出演したアニル・カプールは国際的に有名だ。アニルの娘がソーナム・カプールで、『パッドマン 5億人の女性を救った男』(18)に出演していた。アニルの兄ボニー・カプールは『マダム・イン・ニューヨーク』(12)のシュリーデーヴィーと結婚しており、二人の間に生まれたジャーンヴィー・カプールとクシー・カプールは女優をしている。また、彼女たちの異母兄にあたるアルジュン・カプールも俳優だ。

つまるところ、アーリヤー・バットを起点にして血縁関係を俯瞰するだけでも、ヒンディー語映画界の主要な監督や俳優たちがかなり網羅されてしまうという恐ろしい状況になっている。これがインド映画の実態である。(図1)

アイシュワリヤー・ラーイ『PS 1黄金の河』

北インド

デーヴガン家、ムカルジー家、チョープラー家、ジョーハル家

『RRR』にはヒンディー語映画俳優のアジャイ・デーヴガンもラーマの父親、ヴェンカタ・ラーマ・ラージュとして出演していた。アジャイ自身もアク

図1　バット家、カプール家、パタウディー王家、ナンダー家、バッチャン家

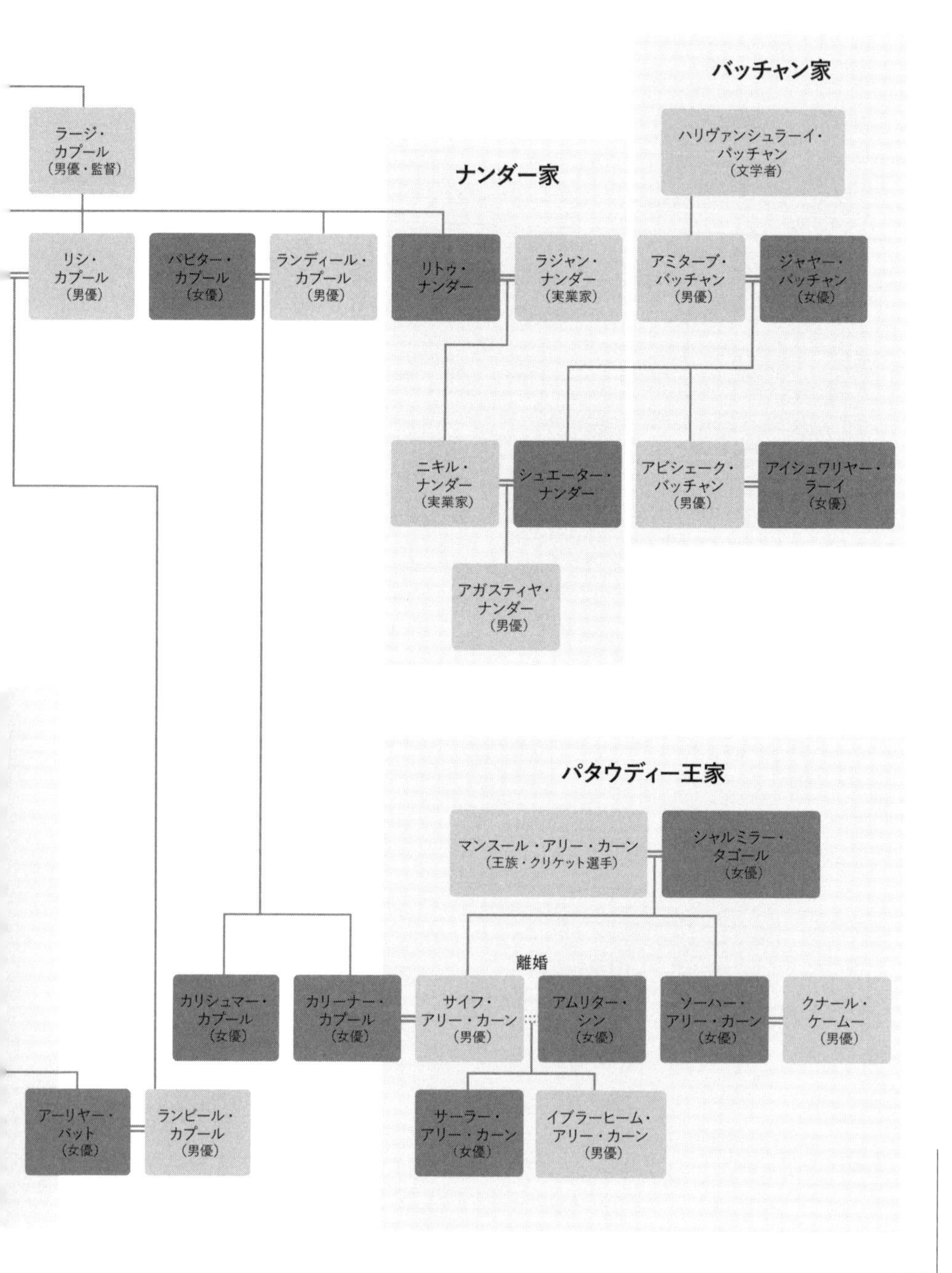

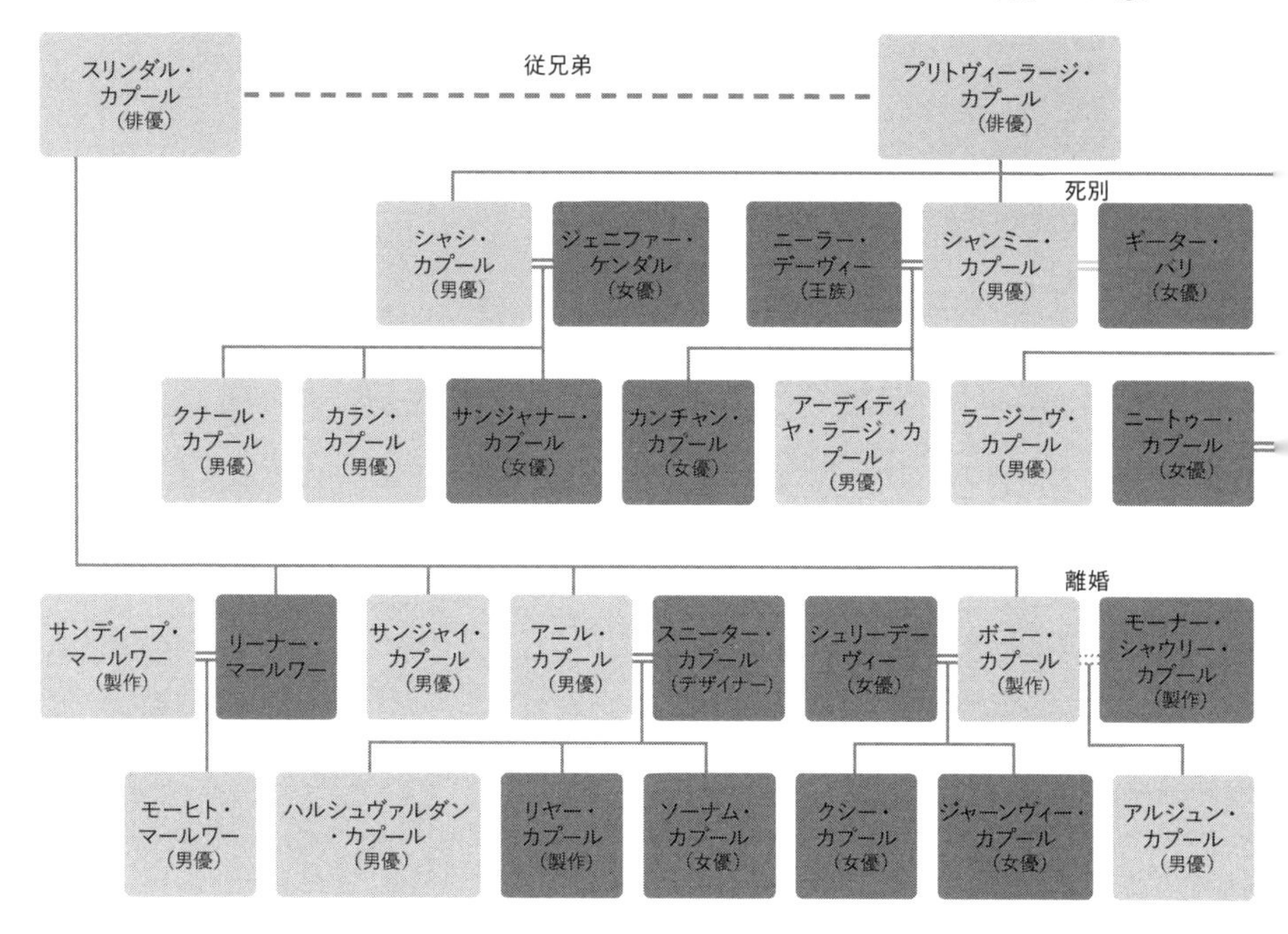
カプール家
スリンダル・カプール（俳優）
従兄弟
プリトヴィーラージ・カプール（俳優）
死別
シャシ・カプール（男優）
ジェニファー・ケンダル（女優）
ニーラー・デーヴィー（王族）
シャンミー・カプール（男優）
ギーター・バリ（女優）
クナール・カプール（男優）
カラン・カプール（男優）
サンジャナー・カプール（女優）
カンチャン・カプール（女優）
アーディティヤ・ラージ・カプール（男優）
ラージーヴ・カプール（男優）
ニートゥー・カプール（女優）
離婚
サンディープ・マールワー（製作）
リーナー・マールワー
サンジャイ・カプール（男優）
アニル・カプール（男優）
スニーター・カプール（デザイナー）
シュリーデーヴィー（女優）
ボニー・カプール（製作）
モーナー・シャウリー・カプール（製作）
モーヒト・マールワー（男優）
ハルシュヴァルダン・カプール（男優）
リヤー・カプール（製作）
ソーナム・カプール（女優）
クシー・カプール（女優）
ジャーンヴィー・カプール（女優）
アルジュン・カプール（男優）

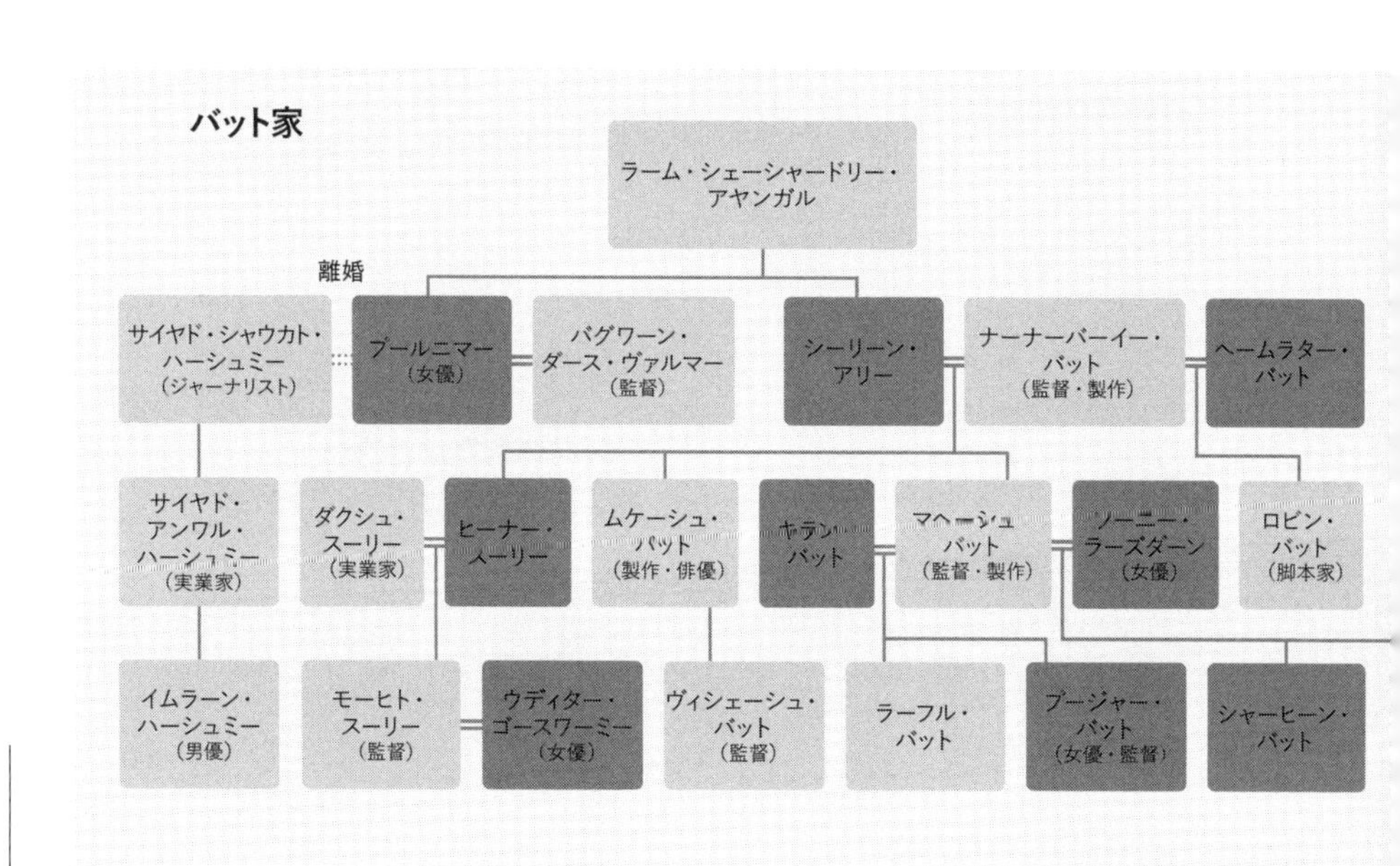
バット家
ラーム・シェーシャードリー・アヤンガル
離婚
サイヤド・シャウカト・ハーシュミー（ジャーナリスト）
プールニマー（女優）
バグワーン・ダース・ヴァルマー（監督）
シーリーン・アリー
ナーナーバーイー・バット（監督・製作）
ヘームラター・バット
サイヤド・アンワル・ハーシュミー（実業家）
ダクシュ・スーリー（実業家）
ヒーナー・スーリー
ムケーシュ・バット（製作・俳優）
キラン・バット
マヘーシュ・バット（監督・製作）
ソーニー・ラーズダーン（女優）
ロビン・バット（脚本家）
イムラーン・ハーシュミー（男優）
モーヒト・スーリー（監督）
ウディター・ゴースワーミー（女優）
ヴィシェーシュ・バット（監督）
ラーフル・バット
プージャー・バット（女優・監督）
シャーヒーン・バット

アジャイ・デーヴガン（左）『Drishyam』

ション監督ヴィールー・デーヴガンの息子だが、むしろ彼の妻であるカージョルの方が名家の出である。カージョルの母タヌジャーは女優であり、その姉のヌータンは当時の大スターであった。彼女たちはサーマルト家に属する。タヌジャーが結婚したのは監督のショームー・ムカルジーであったが、その兄デーブ・ムカルジーの息子アヤーン・ムカルジーは『ブラフマーストラ』を監督した。彼らの属するムカルジー家も名門だ。また、アヤーンの姉スニーターはアーシュトーシュ・ゴーワリカルと結婚したが、彼は『ラガーン クリケット風雲録』（01）などの監督だ。

ショームーの父サシャーダル・ムカルジーは著名な映画プロデューサーであった。サシャーダルはサティー・デーヴィーと結婚したが、彼女はアショーク・クマールやキショール・クマールなどの大スターの姉妹だった。

彼らの一族はガーングリー家と呼ばれる。サシャーダルの兄ラヴィンドラモーハン・ムカルジーの孫娘が女優ラーニー・ムカルジーになる。つまり、カージョルとラーニーは又従姉妹にあたる。

ラーニー・ムカルジーの結婚相手は、ヤシュ・ラージ・フィルムズの社長であり、ヒンディー語映画界を代表するプロデューサー兼監督であるアーディティヤ・チョープラーだ。『PATHAAN／パターン』（23）や『タイガー 裏切りのスパイ』（23）などのプロデューサーとして知られる。アーディティヤ・チョープラーの父親ヤシュ・チョープラーは大監督であった。彼らはチョープラー家を形成する。ヤシュ・チョープラーの妹ヒールーはプロデューサーのヤシュ・ジョーハルと結婚したが、二人の間に生まれたのがこれまた大御所プロデューサー兼監督のカラン・ジョーハルである。『スチューデント・オブ・ザ・イヤー 狙え！No.1!!』（12）などを監督した他、『ブラフマーストラ』などのプロデューサーでもある。ジョーハル家の末裔となるカランはシャー・ルク・カーンなどの大スターたちと非常に親しく、ヒンディー語映画界で絶大な権力を誇っている。

こちらも血縁を辿っていくと、サーマルト家、ムカルジー家、ガーングリー家、チョープラー家、ジョーハル家など、業界の新旧ビッグネームが目白押しだ。総じて、『RRR』に出演していたNTRジュニア、ラーム・チャラン、アーリヤー・バット、アジャイ・デーヴガンの血縁だけで古今「南北」のかなりの有力者が勢揃いしていることが分かるだろう。（図2）

インド映画の婚姻と兄妹姉弟

誰と誰が最終的に結婚に至ったのかを分析すると、ここでも血統が大いに関係しているように思えてくる。本人同士の相性よりも血統を重視して結婚相手を選んだのではないかと邪推されるほどだ。

たとえばランビール・カプールはかつて女優ディーピカー・パードゥコーンや女優カトリーナ・カイフと付き合っていたが、結婚しなかった。ディーピカーもカトリーナも時代を代表する美女であったが、血統的にはアウトサイダーであった。結局ランビールは有力なバット家の血統を持つアーリヤー・バットを人生の伴侶に選んだ。

ディーピカ・バードゥコーン『バジラーオとマスターニー』

図2　デーヴガン家、ムカルジー家、チョープラー家、ジョーハル家

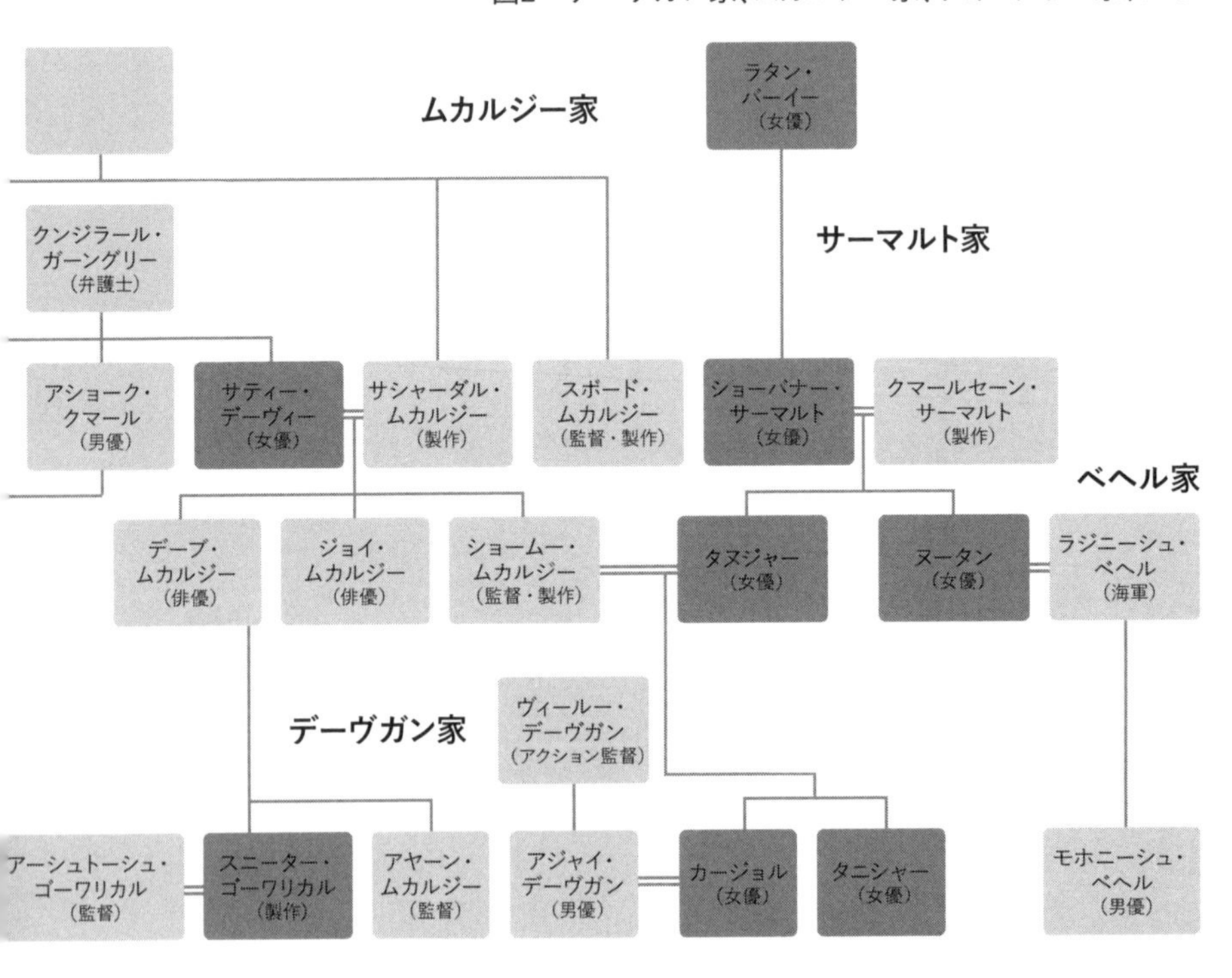

カリーナー・カプールはかつて男優シャーヒド・カプールと付き合っていた。同じカプール姓ではあるが、両家は血縁にない。シャーヒドの父親は著名な演技派俳優パンカジ・カプールであるが、演技力を武器に一代でのし上がったタイプの人物であり、血筋という点では弱かった。結局カリーナーはパタウディー王家、タゴール家、映画スター家系という三種の血統の合流点であるサイフ・アリー・カーンの再婚相手になった。

逆に、最終的にアウトサイダー同士が結婚した例も見出せる。たとえばディーピカー・パードゥコーンは男優ランヴィール・シンと結婚した。ランヴィールの家系を辿っていくと中には映画関係者もいたようだが、つながりは薄く、直接的な恩恵は受けていない。彼もほぼアウトサイダーであった。アウトサイダーのディーピカーにとって、名門カプール

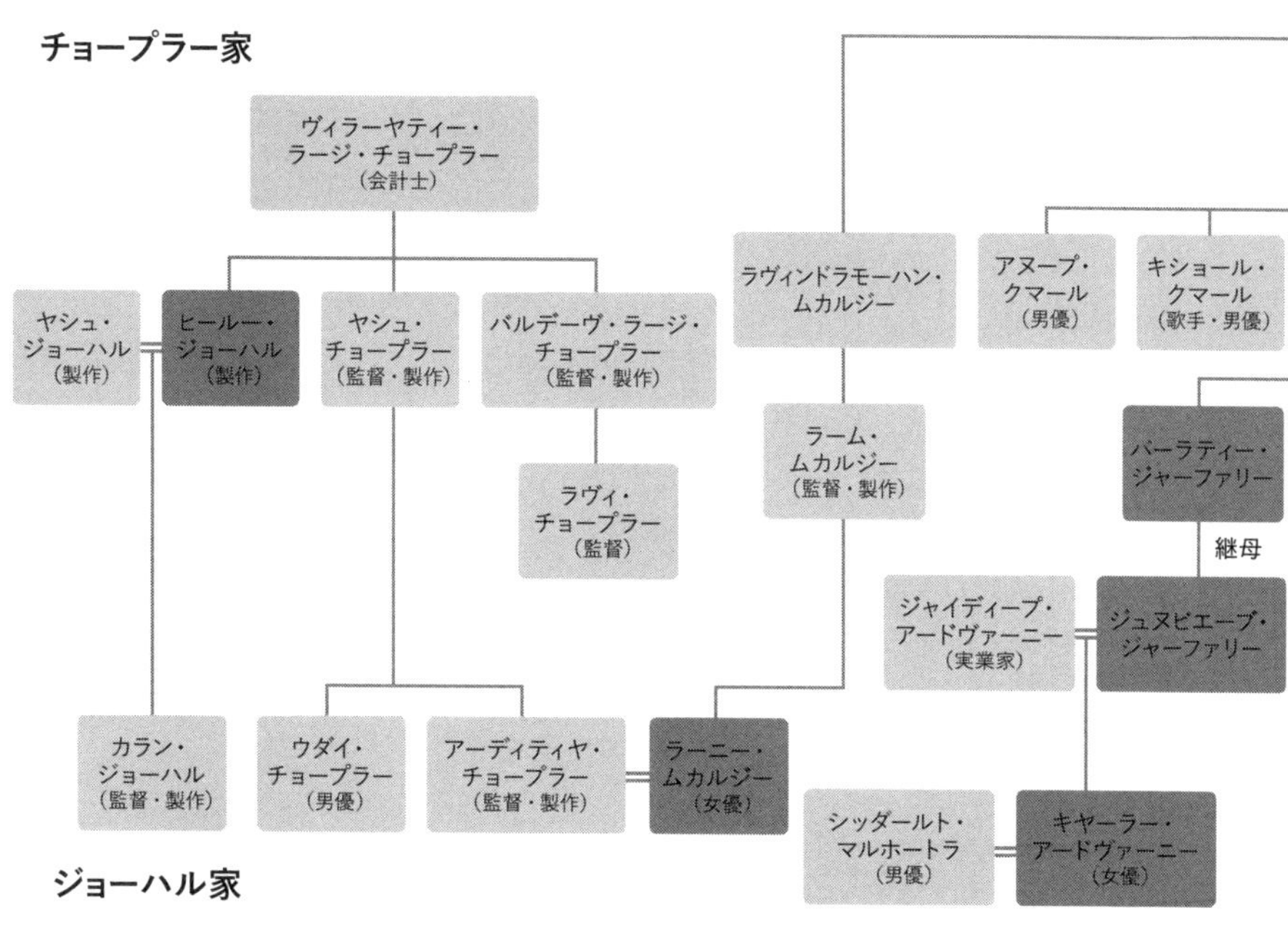

家の血を引くスターキッドのランビール・カプールよりも、同じアウトサイダーのランヴィール・シンの方が結婚相手として釣り合っていたのかもしれない。

血筋に関してもうひとつ興味深い話は、血縁関係にある男優と女優は決してスクリーン上でカップリングされないことだ。インドでは「兄弟」「姉妹」の範囲が広く、従兄弟や従姉妹も「兄弟」「姉妹」同様に扱われる。「兄弟」「姉妹」である以上、彼らは近親者となり、彼らの恋愛は近親相姦を想起させてしまう。よって、共演はNGとなる。たとえばランビール・カプールとカリーナー・カプールは従姉弟関係にあるが、彼らの共演作は存在しない。実は『鼓動を高鳴らせ』(15)ではランビールとカリーナーがそれぞれ弟と姉の役を演じる予定であったが、それすらも実現しなかった。

ランヴィール・シン(右)『鼓動を高鳴らせ』
© Excel Entertainment
©Junglee Pictures

このような若干の制約はあるものの、やはりアウトサイダーに比べてスターキッドたちは、デビューしたり役を得たりするにあたって圧倒的に有利な立場にいることには変わりがない。才能や適性よりも血縁を優先したキャスティングが行われるのは日常茶飯事であるし、大スターの子供にはとことんチャンスが与えられる。アビシェーク・バッチャンの主演作はデビュー以来一七本連続でコケた。これは、たとえスターキッドであっても一朝一夕の成功は約束されないことも示しているが、同時に、スターキッドならこれだけチャンスが与えられるということでもある。もちろん、アウトサイダーならデビュー作がコケた時点でジ・エンドである。

スターキッドに比べてただでさえチャンスの少ないアウトサイダーだが、運良くスターの階段を上り詰めたとしても、今度は業界の有力者たちから睨まれるようになる。冒頭で紹介したスシャーント・シン・ラージプートの自殺は最たる例だ。自殺は極端だとしても、アウトサイダーが時々漏らす不満の中に業界に蔓延するネポティズムが見え隠れすることがある。たとえば『鼓動を高鳴らせ』の主演女優プリヤンカー・チョープラーが米国に拠点を移したのも、インドの映画業界にはこびる血統主義に愛想を尽かしたからだといわれているし、『マニカルニカ ジャーンシーの女王』(19)の主演カンガナー・ラーナーウトはスターキッドたちを「映画マフィア」呼ばわりし、歯に衣着せない批判をしている。

プリヤンカー・チョープラー(左)『クリッシュ』

第2章

特集『RRR』とは一体何だったのか

❀❀❀

空前の大ヒットをし、インド映画の
観客の裾野を広げ、
コロナ禍の日本の映画興行を救った
と言われる『RRR』。
『RRR』をタイトルにつけた
インド専門家による対談集や新書も
発売された。
何よりもアクション大作、そして
エンタテインメント作品であり、
史実をもとに歴史を変えた部分は
フィクションであると
見過ごされがちではあるが、
映画が社会に及ぼす影響もまた
無視できないものである。
映画評論家や批評家、映画監督が
『RRR』の魅力や快楽とともに
問題点などを多角的に検証した——
「映画」としての『RRR』への
答えの一つである。

コラム＊私と『RRR』

感情のジェットコースターのような映画

真魚八重子

毎年インド映画で何かしら話題作が登場する中、特に『RRR』(22)はマスコミでも取り上げられて、インド映画ファン以外のリピーターも生んだ。個人的にも好みの映画だ。まずは複雑な宿命を背負った、主人公の男性二人の性格や立場といったキャラクターが魅力的である。イギリス人に村の少女をさらわれ、奪還を企むビーム。そして大義のため、英国の警察で出世を狙うラーマ。二重、三重と世を忍ぶ姿があり、まさに相反する立場にありながら、彼らはそうと知らずに友人となる。

この二人がお互いのずば抜けた力量を認め合って、親友となる早さがわかりやすい。初対面の彼らは川で流された子どもを救うために、離れた位置にいながら簡単な手の動きだけで役割を示し合わせる。そこから展開する工程が、手の動きからははるかに複雑で、ヒーローの能力に思わず笑みがこぼれ、また感銘も受けてしまう。目と目が合っただけでそこまで通じ合うのは、運命の星の下の出会いとしか言いようがない。

主人公たちが秘密裏に背負っている役割ゆえに、本意ではない命令を受けてしまい、窮地に立つ瞬間のハラハラ感も、観客がともに息をのむ演出になっている。三時間にもわたる映画だが、てらいのない大胆な演出は、喜怒哀楽が怒涛のごとく展開するストーリーを作り上げる。主人公の男性二人の人生は、決して単純な物語ではなく、かなり紆余曲折がこめられている。インド映画はときに恋愛映画で誤解や、正直に言い損ねて話がこじれる安易な展開があるが、『ＲＲＲ』は世を忍ぶ役割が大きな意味を持ち、政治的な駆け引きもあるため、主人公たちの行動は様々な場面で彼らの立場や目的に立ち返らせ、その露見に観客は不安を覚えずにいられない。

もちろん恋愛シーンは心が浮き立つものがある。ビームはインド人に対して偏見を持たないイギリス人女性に恋をし、パーティーで始まるインド映画のお家芸である群舞では、祝祭感が溢れだす。

『ＲＲＲ』は通常の作品と比べて、感情のるつぼなのだ。恋の喜びがあり、復讐の怒りがあり、特に無二の親友との間に蜜月や、互いの相反する立場の悔しさや、それを乗り越える友情がある。ラーマがビームを鞭打つシーンのなんと厳かで胸の痛むことか。クライマックスでは英国側から肉体的にも虐げられた二人が、獄中で出来る限りのパンプアップをし、肩車で共に戦うシーンまである。荒唐無稽のようだが、ラーマが撃ったショットガンを間髪空けずビームが装塡するシーンといった、細部のかっこよさに血が騒ぐ。まさに感情のジェットコースターのような映画だ。

コラム◉私と『RRR』

インターミッション、ビリヤーニー、ダンス付き応援上映

高倉嘉男

S・S・ラージャマウリ監督のテルグ語映画『RRR』(22)。その日本での記録的な大ヒットは、それ以前から細々と活動してきたインド映画愛好家たちの人生をも大きく変えてしまった。

私は、留学で身に付けたヒンディー語の語学力を生かし、インドで最大市場を誇るヒンディー語映画(いわゆる「ボリウッド」)に軸足を置いて過去二〇年以上インド映画を鑑賞し、レビューを書き、そして研究してきた。よって、インド映画研究家は自称しているものの、南インド映画はほぼ門外漢であった。北インドの一般的な観客たちと同じく、都会的でスタイリッシュなヒンディー語映画に比べて旧態依然とした映画作りを行っているように見えた南インド映画には、言語の関係もあって、積極的に関心を持ちにくかった。

ラージャマウリ監督の前作『バーフバリ』シリーズ(15・17)がインド国内外および日本

で大ヒットになったときは、まだ「突然変異」として冷静に対処する余裕があった。だが、『ＲＲＲ』も続けて世界的な大ヒットになり、日本においても、長らく『ムトゥ 踊るマハラジャ』（95）が保持していた興収記録を塗り替えたことで、もはや無関心は装えなくなった。むしろ、インド本国での南インド映画人気とリンクした「現象」として、この映画に真剣に向き合う必要に迫られた。

とはいっても、『ＲＲＲ』を「テルグ語映画」や「南インド映画」として、代表格のヒンディー語映画と区別する見方はマニア独自のものだ。日本ではまだまだインドで作られる全ての映画をひっくるめて「インド映画」とする大雑把な捉え方が主流で、『ＲＲＲ』の大ヒットは日本人の関心をインド映画全体へと向かわせた。日本で上映されるインド映画が押し並べて増えたことは、全てのインド映画ファンにとって朗報だった。そして、ヒンディー語映画を専門としている私のところにも、映画専門誌や経済誌、映画配給会社やその他の組織から、インド映画について執筆や講演の依頼がよく舞い込むようになった。地道にインド映画の伝道をしてきたつもりだったが、一本の超大作が持つ圧倒的な普及力を前にして、自分の無力さを痛感した。とはいえど、いつしか、日本でインド映画に対する注目度を劇的に引き上げてくれた『ＲＲＲ』には恩を感じるようになった。

日本ではコロナ禍の規制が緩和されつつある時期に『ＲＲＲ』が公開されたこともあって、この映画の人気は「応援上映」などと呼ばれる観客参加型の上映スタイルと軌を一にして拡大した。コロナ禍中には感染リスクのある応援上映は自粛されていたが、『ＲＲＲ』はその鬱憤を晴らすのに最適な娯楽大作で、コロナ禍が明けるや否や、好んで応援上映に使われるようになった。

私は地元豊橋市の民間映画祭「とよはしまちなかスロータウン映画祭」の企画理事を務めている。過去には同映画祭でも『バーフバリ 王の凱旋』(17)などの応援上映が行われたことがあるが、コロナ禍中には通常の映画上映をするだけで精いっぱいだった。二〇二三年五月に新型コロナウイルス感染症が五類に移行すると、応援上映復活の気運が盛り上がった。コロナ禍明け初のスロータウン映画祭は二〇二四年一月から二月にかけて開催されたが、その際に応援上映の作品として迷わず選ばれたのが『RRR』であった。私はインド映画担当としてこの企画の責任者を担った。私にとっては『RRR』への恩返しでもあった。

応援上映なので、上映中に拍手をしたり声援を送ったりして反応することは大いに歓迎とした。コスプレや応援グッズの持ち込みもOKとした。ここまでは応援上映の一般的なルールに則っている。だが、それ以外にもいくつかの工夫をしてみた。

本場でインド映画を楽しんできた身として、日本でインド映画が上映される際に抱いていた大きな不満が、インターミッション(幕間)のカットであった。インド映画には中間点に必ずインターミッションが設けられている。インドの映画館ではそこで再生が停止され、一〇分ほどの休憩が取られる。この間、観客はトイレに行ったり飲食物を買ったりできる他、同行者同士で前半の感想を交換し合ったり、今後の展開について予想をし合ったりする。とても楽しい時間なのである。インドの映画監督はこの時間を最大限活用しており、概してインターミッション前に前半最大の山場を持ってくる。インターミッションは作品の大切な一部だ。それが日本の映画館ではちっとも尊重されていないのである。

今回、『RRR』の応援上映を企画するにあたり、インターミッションは必ず入れようと考えた。それも本場を越えるたっぷりの三〇分を確保し、食事を振る舞うことにした。『RRR』にはいくつか食事のシーンがあるが、前半にラーマとアクタルがビリヤーニー（インド式炊き込みご飯）を食べる場面がある。それと結びつけ、地元のインド料理店の協力を得てビリヤーニーを振る舞うことにした。会場内にはドリンクバーも設け、有料でアルコール／ノンアルコール類を提供した。これらによってインターミッションを楽しむという文化を日本人に提案したかった。

会場になったのは穂の国とよはし芸術劇場プラットのアートスペースであった。多目的スペースなので、備え付けの座席を収納してしまえば会場のレイアウトには自由が利いた。そこでスペース後方に客席として椅子を並べ、スクリーン前に広い空間を設けてダンスフロアとした。『RRR』には前後半に一回ずつノリノリのダンスシーンがある。そのときに観客がダンスフロアに出てきて踊れるようにした。また、雰囲気を盛り上げるため、天井にミラーボールを吊るし、ダンスシーンで点灯する手はずを整えた。インドにはミラーボール備え付けの映画館があると聞いたことがあり、それにヒントを得たのだった。

これらのこだわりを全て詰め込んで、イベントの題名は「踊る！食べる！盛り上がる！『RRR』応援上映」とした。

観客参加型イベントの宿命として、その成否は観客に大きく依存する。チケット一五〇枚は早々に完売したので客入りの心配は払拭されたが、どういう観客が来てくれるか当日まで不安が続いた。だが、それは杞憂に終わった。地元からの参加者も少なくなかったが、都市部から応援上映に慣れた観客も多数駆けつけてくれて、熟練の技で盛り上げてくれた。

ダンスシーンで誰も踊らず白けてしまったらどうしようと不安で、コスプレしたスタッフが率先して踊りに出て盛り上げる仕込みをしておいたが、蓋を開けてみたらそんなことは不要だった。前半の大きな山場「ナートゥ・ナートゥ」のシーンでは、観客が待ってましたと言わんばかりにダンスフロアに躍り出て、ＮＴＲジュニアとラーム・チャランが大スクリーンで魅せる超絶ダンスを真似して身体を動かした。エンドロールの「エッタラジェンダ」では、前半で踊り出せなかった人々の参加もあり、観客が一体となってこの偉大な映画の大団円を楽しんだ。これぞ、インド映画である。

インターミッションでのビリヤーニーについても評判は上々であった。一方では、本場の味、ラーマとアクタルが映画の中で食べているビリヤーニーそのものの再現にこだわろうと苦心したが、他方では、あまりにこだわりすぎると口に合わない観客も出て来るのではないかという心配もあり、結果的には食べやすい味付けのビリヤーニーとなった。

インドで感じてきたインド映画が持つエネルギー、インドの映画館が持つバイブレーション。『ＲＲＲ』はそれを言語や人種の壁を越えて日本人にも強力に伝えてくれる。今回のイベントでその媒介者の一人となることで、『ＲＲＲ』に、インド映画に、少しでも恩返しができたのなら、この上ない幸運である。

コラム❋私と『RRR』

『RRR』に目が眩んで

古澤健

「たった今、あなたが楽しんだのは、徹頭徹尾デタラメな馬鹿馬鹿しいお話なのだから、あなたが体験した本物の感情に水を刺すような批評などは必要ありませんよ」

『RRR』(22)という精巧に作られた映画は、そう見るものに訴えかけることに成功した、まごうかたなき「立派な映画」だ。

つまり『RRR』とは、それについて真面目に語ることがことごとく野暮にならざるをえない仕組みをもった、国境を超えて世界中の人々に感動を与える映画の達成のひとつであるということだ。そのような仕組みは、エンターテインメント/アートという二分法で分類される指標ではないことは、たとえば『ゴジラ-1.0』(23)と『PERFECT DAYS』(23)を『RRR』に並べてみればわかることだ。みな等しく、考えるな、ただ感じろ、とだけ観客に命じる。どれもがある「国民（性）」の表象に関して政治的に振る舞おうとしている、などと真面目に語ろうとすれば、一見真摯さを装っているアート映画についてであっても、馬鹿を見るのは必至だ。

言葉を尽くすほど野暮になるのだから、開き直って文学者の言葉を引用することから始めてみよう。

私は元来この芸術をあまり尊敬していなかった。その生産機構の必要から主題は多く低級であり、かつ観客にあまり受身の干渉を強いる点で、甚だ知的でない芸術だと思っていた。しかし精神は反撥しつつも、映画館の暗闇にいる時間、私の精神が眼前に浮動する実物に酷似した映像によって、完全に占められることは変わりなかったが。（……）七歳年長の人々と我々とを分つ軽佻浮薄の風は、一部はたしかにこういう映像の受動的鑑賞による精神の怠惰から来るものと思われる。

大岡昇平の「俘虜記」の一節だ。この「私」の立ち位置が重要だ。映像文化に馴染みのない年長世代が「最近の若者は」と紋切り型の苦言を呈している、という構図ではない。映画に魅了される観客のひとりとして、自らの「精神の怠惰」を見つめている。

映画という表現形態は、批評を徹底的に敵視する。

『ＲＲＲ』が目の前で上映され続けるあいだ、映画が観客に絶えず語りかけ続けるのは、大岡昇平の言葉とは裏腹の「あなたたちは人の心を持った知性ある人々です」というメッセージだ

（こう書きながら、真逆のメッセージを放つ、感動などとは無縁の真摯なジャンル映画の一本を思い出す。『ゼイリブ』（88）だ。特殊なサングラスによってしか、エイリアンたちが映像に仕掛けた邪悪なメッセージが見えない、という馬鹿馬鹿しいこの上ない設定のこの映画は、素直な剝き出しの瞳では、映像が放つメッセージは「見えない」、という映画そのものの力を指摘している。そしてそのような「批評」を観客たちが敬遠することは、一〇分近くにおよぶ、サングラスをかけろ／いやだ、という退屈さすれすれの格闘シーンによって表現される。『ＲＲＲ』や多くの「優れた」映画と違い、そのアクションシーンは観客にスカッとするような感情体験を与えてはくれず、むしろ、自分が目撃したあれはなんだったのか、という自問を促すだろう）。

大袈裟で過剰な、時として物理法則を無視しさえする『ＲＲＲ』の荒唐無稽なアクションの数々は、物語られている主人公たちのミッションの真面目さに反して、観客に笑いさえもたらす。映画の作り手たちと観客の大勢は、そこで起きる笑い声に大いに満足するだろう。「眼前で起きつつあるできごとを、本当に起きたことなどとは受け止めるほど、わたしたちは馬鹿ではありませんよ」と。大英帝国からのインドの独立闘争に材をとりながらも、これは本当の歴史とは無関係であるし、史実に詳しくないことは鑑賞の妨げにはならないですよ。なぜならこれは、ほら、こんなに馬鹿馬鹿しい見せ物なのですから。

見せ物とはなにか？　見る者に感情を体験させるイベントだ。観客は主人公たちとともに（あるいはそれ以上に）、怒り、悲しみ、涙を流し、安堵のため息をつくだろう。その素朴な感情体験そのものは、「本物」である。

奇妙に思われるが、「本物」を味わうための出来事は、単純かつ極端に設定された「作り物」

でなくてはならない。「たかが映画ではないか」と、観客が積極的に受け身であることを受け入れられるように。映画は観客の鏡である、という言い方があるが、観客が映画の鏡となることを映画は夢見る。観客が映画の鏡となったそのとき、描かれる出来事の善悪は見間違われることはなく受容される。

こうして、目にすることがすなわち感情であるようなシチュエーションやキャラクターが設計され造形される。

たとえば、二度繰り返される、幼い子供たちの眼前で父母が理不尽な死を迎える場面。一体誰があのような残酷さを前にして、冷静さを失わないでいられるだろう。その不満（世界はこんなところであってはならない）がビームとラーマの活躍を正当化し、復讐の殺戮として解消されるとき観客にはカタルシスがもたらされるだろう（インド総督がその妻の「絶命の瞬間」を見ないことは、子供たちの場面と対をなす）。

映画では繰り返し同じ問いが発せられる。「人としてそれを耐えられるのか？」と。それは問いの形をとりながら、たったひとつの答えにしか結びつかない。

その問いが主題としてそのまま非人間的な拷問に耐えるビームによって歌われる場面があることと、ジェーンというイギリス人白人女性にビームが惹かれることとは、無関係ではない。そのどちらもが「人とはどうあるべきか」について観客を教化する。

白人たちに虐げられている存在のひとりである主人公のビームは、しかしその朴訥とした素朴な感性に従って、ジェーンという女性を、白人という色眼鏡で見ることはしない。そのまなざしは観客の目線と接続されて、わたしたち＝インドの民衆＝観客は、植民地統治に関わる人間の中にも、人の心を持った人間がいることを知る。そのような人間が「いる」ことが重要なのではない。わたしたちが、白人たちも顔を持つ存在であることを「知っている」ことこそが重要だ。だから、たとえばインド総督の言動が差別的でサディスティックであるのは、あくまでも彼自身の人間性であって、イギリス人一般の性質であるとはいえない（ことをわれわれは当然知っている）、という言い訳も成り立つだろう。

翻って、そのような知的で平等なまなざしを、ビームが備えていることが観客に共感と安心を与える。ビームは植民地主義に対して行動においてイギリス人たちに反発するが、狭量な排外主義者／差別主義者ではない、と。

無論、このような論理が組み立てられてはいるが、実際のところ、ジェーンも含めてイギリス人たちのキャラクター像はあまりにも類型的に過ぎる。

が、これも先に述べた、表現の過剰さによって、正面からの批判を無効にしようとする。「これを本気にするほど観客が無知だとは考えませんよ」と。

同時に、明示的に提示されるそのような暗黙のメッセージがありながらも、物語が歴史的な背景を持つことは都合よく利用されているようにも思われる。ジェーンという人物が稀な人物であるということも、ビームの目が差別主義者のように曇っていないということも、どこかで「当時の人のなかにもこんな人がいたんだ」という意外性によって底上げされていないだろうか？その「意外性」は、「これはやはり史実をベースにしている」という思いに支えられている。時代劇にふさわしいその当時の価値観の持ち主たちのあいだに現代的な価値観を持った人物が登場すれば、彼らの先駆的な知性は希少なものとしてその価値をあげるだろう。

このようにして、反論のしようのない感情の動きを体験することと、あくまでもこれが見せ物でしかないと安心感をあたえること、そして巧みに（都合よく）利用される事実らしさ、それを備えていることが「立派な映画」の条件である（『ゴジラ-1.0』が同様であるように、目につく方法論として真逆であるだけで『PERFECT DAYS』にも同じようなことが言える）。

映画はこのように、大岡昇平が言うように低級かつ知的でない芸術である。しかしそこに含まれている「芸術」の一語を見落としてはならない。

映画を作るのに必要なのは？　三つのR（Story・Fire・Water）だ、と身も蓋もなく宣言して『ＲＲＲ』は幕をあける（ところで冒頭のエピソードでのインド総督の「銃を撃つな」というセリフが象徴的だと思うのは穿ち過ぎた見方だろうが、「映画を作るのに銃も女もいらない」という挑発的な宣言だと個人的には妄想してみたりもした）。

『ＲＲＲ』が唖然たる思いをわたしに与えるのは、実際のところそれがひたすら火と煙と水と光と風の振る舞いを三時間にわたって観客に見つめさせるためだけの映画だったからだ。おそらく『ＲＲＲ』の作り手たちが、黒澤明の映画を発想の根本においていたであろうことは、土煙やハイスピード撮影や逆光の使い方を見ればわかることだ。

そのために費やされた膨大な時間と予算とテクニックを思うと、映画の作り手のひとりとして途方に暮れてしまう。物語の連鎖の中のここぞという箇所で、逆光をロケーションで捉えようとするならば、緻密な撮影スケジュールが必要であるが、一本の映画の中でここまで逆光の力にこだわり尽くすのは、黒澤明の影響を超えた、映画の根源にかかわるなにかがある（いや、黒澤明もまた、映画の力に従わされた、無数の観客＝作り手のうちのひとりでしかない、ということか）。

『ＲＲＲ』において、火と水は、物語を彩る装飾ではない。逆だ。物語こそ、火と水を見せ続けるための言い訳でしかない。

ストーリー＝歴史も単なる（置き換え可能な）消耗材でしかないことは、すでに見てきたとおりだ。

火と水（だけではなく、画面を覆い尽くすあらゆる微粒子の運動）は、観客をうっとりと没我の境地へと誘う。そのことは一九世紀末に映画が発明されてからまったく変わっていないことを、『ＲＲＲ』は退屈に証明してしてしまう。初期映画の観客たちは、スクリーンに映し出された映像の主題そのものにではなく、水のゆらめきやたゆたう煙の動きそのものに心を奪われたと聞く。だとすると、一九〇九年に生まれた大岡昇平の当惑を含んだ批判は、当時の映画よりもはるかに洗練されていると自負するであろう現代の映画に対しても古びない。抽象絵画の前で困惑するであろう同じ人々であっても、映画が映し出す実に抽象的な表現の前では大いに感情の武装解除をしてみせるし、批評的な感性の持ち主であってもその力に易々と屈してしまう。人間の感性に対するその圧倒的な力、まさにそれこそが映画が「芸術」である所以だ。

『ＲＲＲ』に抗して、わたしなりに野暮を尽くしてみはしたが、今は野暮を尽くさせてしまうのもまた映画の欲することなのかもしれない、という疑念に駆られている。映画は批評を遠ざけようとするが、同時にそれを駄弁として嬉々として受け止める。そうでなかったら、書店にひとつのジャンルとして「映画」のコーナーが設けられることはないだろうし、学問の場で研究の対象となることもないだろう。なによりも依頼の字数を超えて『ＲＲＲ』について語ろうとするわたし自身の意欲がそれを証明している。

その徒労を慰撫するためにか、精神の反発をおぼえながらも、わたしはまた映画館へ向かい、映画を作るだろう。

鼎談●

『RRR』、アクション、宝塚、インド映画！

宇田川幸洋×浦川留×夏目深雪（司会）

インド映画の裾野を広げた『RRR』（22）。三人ともアジア映画の専門家であり、また宇田川氏と浦川氏は著作も持つアクション映画の専門家でもある。アジアの他国の映画との比較、アクション映画としてはどうか、また宝塚版『RRR』はどうだったのか。三人で『RRR』を、そしてインド映画を語り倒す！

観る度に感想が違う『RRR』

夏目　ではお二人が『RRR』を観た感想からいきましょうか。

宇田川　僕はこの鼎談のためについ最近観たので、まぁ面白かったけど、正直どうしてこんな

『1942 愛の物語』

にヒットしたのかは分からないといった感じですね。

夏目　宇田川さんは事前に話した時に『１９４２ 愛の物語』（94）を想い出したと仰ってましたね。

宇田川　イギリスへの抵抗の話で、イギリス人がすごい悪役だという意味でね。

夏目　ただ私は中国や韓国の抗日映画は沢山あるし、その中で鬼のような日本兵が出てくるものは何本も観たこともあるんですが、インド映画でここまでイギリス人が戯画的に悪役に描かれるのは初めて観た気がしたんですが。愛国映画自体は近年のインド映画では多いですけどね。

宇田川　愛国映画って聞き慣れない言葉なんだけどいつから使われ始めたの？

夏目　いつからですかね。『男たちの大和 ＹＡＭＡＴＯ』（05）のような映画を批判するために左派が使い始めたような気がするんですが。愛国映画自体は日本でもたまに作られますからね。

浦川　中国でいうと主旋律映画ですね。愛国映画とも呼ばれるようですが、抗日映画やプロパガンダ映画だけでなくもっと幅広く、祖国への思いや民族の誇りをかきたてるもの。たとえばチェン・カイコー（陳凱歌）やツイ・ハーク（徐克）らが撮った『１９５０ 鋼の第7中隊』（21）は朝鮮戦争の話で、抗日映画のような悪い日本人は出てこなくて米軍との死闘をヒロイックに描いてます。あと、チャン・イーモウ（張芸謀）が製作総指揮の『愛しの故郷（ふるさと）』（20）とか、ああいうものが、主旋律映画であり愛国映画。

中国で反日運動が盛り上がったことがありましたよね。あの時に「愛国無罪」という言葉が日本でもけっこう報じられました。そこでいう「愛国」は抗日映画のテーマとかぶる、党の思想に沿った愛国心だったと思いますが。

夏目　私は『ＵＲＩ／サージカル・ストライク』（19）を観た時に、インド兵の内面は非常に丁寧に描くのに、パキスタンのテロリストを全く内面を描かないんですよ。でラストが「俺たちはインド軍だー！」とか叫びながらそのパキスタンのテロリストの首を掻っ切るんです。にもかかわらず映画としてのクオリティが高い。ちょっとヤバいんじゃないかな、インド映画と思い始めました。

浦川　海外の人が観ることを想定していないいんじゃないいんですか。

夏目　ほとんどの愛国映画はそうですよね。その代わり、国内では賞獲りまくりで。
　真面目な愛国映画なら今言った『ＵＲＩ』や『KESARI ケサリ 21人の勇者たち』（19）とか、近年は何本かありますけどね。『ＲＲＲ』は戯画的なのが引っ掛かったんですよね。

宇田川　戯画的というかマンガ的。誰もそんなに真面目に見ないのでは？　特に外国人は愛国とか関係なく観て、単なるマンガ的な娯楽映画だと思うんじゃない？

夏目　私は中国のエクストリーム抗日映画みたいなのを連想してしまって。今でもYoutubeで観れると思いますけど、地上から銃でゼロ戦を撃ち落とすみたいな。試写で観た時は、『バーフバリ』シリーズ（15・17）が好きで監督にもインタビューもしたくらいなので、ラージャマウリ監督がそんなエクストリーム抗日映画みたいな映画を……とショックを受けてしまって。

宇田川　主人公たちが実在した人だって聞いて驚いたんだけど、知らないで観ちゃえばただの活劇だよね。いい意味でマンガ的であんな人いないし。インド映画はみんなそうだけど、「こんな奴いねーよ」っていう人たちがバンバン活躍するところが面白い。

『RRR』Blu-ray&DVDレンタル中、デジタル配信中 ©2021 DVV ENTERTAINMENTS LLP.ALL RIGHTS RESERVED.

夏目　浦川さんはどんな風にご覧になりましたか？

浦川　最初観た時は、イギリス人がひどすぎて時々笑ってしまって。あと男性がみんなインド人に対して差別的で、女性は英国総督の奥さん以外は、「ナートゥ・ナートゥ」のダンスの時もみんなインド人に好意的。はっきりと対照的に描いているのが確かに戯画的でした。また、ジェニーがビームと寄り添い過ぎで、最後は結ばれる勢いなのにはびっくり。そこも笑っちゃいました。叔父さんとか叔母さんが惨殺されているのに、あんなハッピーな終わり方でいいのか。

夏目　あれインド映画っぽいですよね。すごい悪役でも最後は列に入って笑ってたりする。

浦川　あくまで娯楽映画だからですね。

『KESARI』もひどいイギリス人上司が出てきて、その人のせいで二一人のインド人兵士が助けようもない要塞に追いやられるんだけど、全員殉職したらそのイギリス人は反省の色を見せるんですよ。それで一応落とし前がつくと思うんですが、『RRR』の場合は落とし前がつかない。最後まで反省しない。

夏目　でも最後やっつけられるから……。

浦川　殺されておしまい？　という。内面の葛藤的なものが全くないのは、単純化し過ぎかなと。

夏目　確かにそうですね。でも私はこの鼎談のために三度目を港北のシネコンの爆音映画祭みたいなもので観たんですけど、その時はすごく楽しんで観てしまいましたね。批判は自分の中で終わっていたんで。

宇田川　終わっちゃうんだ（笑）。

浦川　私も二度目に観た時は、あらすじもツッコミどころもわかっていたので純粋にすごく楽しめて、さすがに大ヒットするだけのことはあるなと思いましたね。細かいところまで脚本も練れてるし。

夏目　浦川さんも言ってたけど、単純化しているので、情動がジェットコースターみたいに止まらないで流れていくんですよね。その仕掛けが凄く考えられているなと思いました。初見の時はあざとさを感じたんですけど、もう三度目になると巧いなとしか。

『ＲＲＲ』って、一〇〇回観ている人がいるとかいないとか……。

宇田川　インド映画ってそういう人いるね。『ムトゥ　踊るマハラジャ』（95）後のラジニカーント・ブームの時もそうだったんだよ。何かのラジニカーント主演作で映画館側が、一番観た人に巨大な金のラジニ像（ハリボテだけど）を贈呈するとか言って、あげてたことあったよ。

夏目　その人は何回観ていたんですか？

宇田川　三八回だったかな。その映画は三八日もやってないんだ（笑）。だから一日二回以上観た日もあったという。

夏目　私も映画を二回以上観るタイプではないんですが、『ＲＲＲ』は三回観ても飽きないというのは、何かあるなと思いました。ストーリーが単純だと普通は飽きると思うので、ストーリーじゃない部分が凄いんだろうなと。

浦川　盛り上げ方ですね。

夏目　情動の流れのコントロールの仕方、アクションとダンスそれ自体の魅力とタイミング。

宇田川　麻薬みたいなもんですね。

インド映画のアクション

宇田川　ただ、僕はインド映画ってアクションで感心したことないんだよね。その国固有の伝統的で面白い格闘技を使わないじゃない。特に最近のは編集と映像処理で見せてるから。ダンスの方は長回しで見せる部分もあるし、あの踊り方は伝統舞踊からいかに離れていようとインドならではの無比のものだから、ダンスは感心するんだけど。

浦川　『PATHAAN／パターン』(23)はご覧になりました？

宇田川　観てないです。

浦川　『PATHAAN／パターン』は、ドニー・イェンが登場してもいいくらいの攻めてるアクションでしたよ。

夏目　あれはシャー・ルク・カーンがイケてましたよね。

浦川　アクションが全て上手くいっていたわけではないんだけど、『ジョン・ウィック』シ

『PATHAAN ／パターン』

リーズのような、総合格闘技的なアクションでした。相手役がディーピカー・パードゥコーンで、彼女も十分かっこいいんだけど、いかんせんシャー・ルクが色っぽすぎて。

宇田川　ああ、あの多岐川裕美に似た女優さんね。

夏目　『ブラフマーストラ』（22）も、冒頭しか出てないのに、シャー・ルクが全部持っていきましたからね。

私がインドのアクション映画で感心したのは『サーホー』（19）で、編集が早過ぎて話が分からなくて、これはこれで最先端なのかなと思いましたが。

宇田川　『サーホー』は確かにアクションちゃんとやってたし面白かった。でも観終わったら話がすごくくだらない気がして。というか、どんな話だったか、もう覚えてないけど。

夏目　人も多過ぎて何が何だか分からない。商業的に普通はＮＧじゃないかとか。

宇田川　日本だと『関ケ原』（17）なんか何やってたんだかさっぱり分からなかったけ

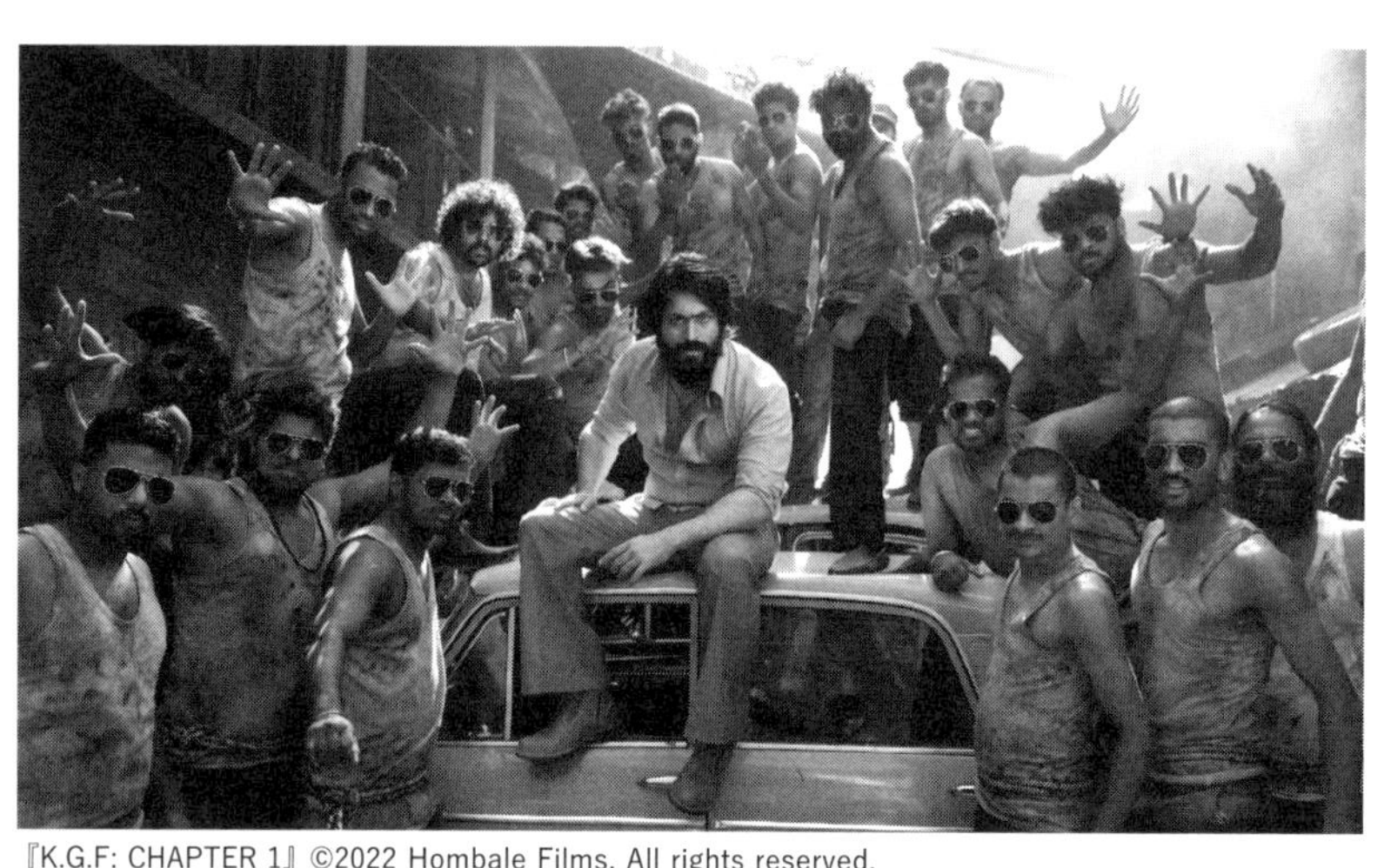
『K.G.F: CHAPTER 1』

ど、大ヒットした。

夏目　『K.G.F』シリーズ（18・22）を観た時も編集の早さや分かりにくさに関しては同じような印象を持ちました。

宇田川　『K.G.F』はアクションの方は全部編集でやっちゃってる。近年のスティーヴン・セガールより動いてないよ。

話は面白いんだけど、時制をやたらに重ね過ぎる。語り部が何人もいて、すぐ過去を語り出す（笑）。突然現在時制に戻ったりもするし。

夏目　私はこれも二度観たんですけど、最初映画館で観た時は話のスケールの大きさや何やってんのかよく分からない感でやられちゃったんですけど、この鼎談のためにDVDで見直したらそうでもなかったですね。多分大画面で、よく分からないままだとやられるタイプの映画かなと。

浦川　『サーホー』は、アクション監督が『トランスフォーマー』などのアクションを手がけたアメリカ人です。『K.G.F』のアクション監督は双子のインド人で、『K.G.F: CHAPTER1』でナショナル・フィルム・アワードの最優秀アクション監督賞を受賞しました。だからアクションも評価されているんですよね。

『K.G.F: CHAPTER 2』©2022 Hombale Films. All rights reserved.

宇田川　たいしたことやってないと思うけどなぁ。
浦川　おそらく、モブシーンとか迫力とか。
宇田川　モブシーンは凄いけどね。主人公の格闘に関しては、ヤシュがちょっと動くと、次のカットでは敵がくるっと回ってスローモーションで倒れる……。
浦川　そうそう。リアルな動きではないんですよね。
夏目　ヒーローをどれだけカッコよく見せるかということに集中していて、「よく分からなく」するのはそのためなのかな、という気もしますね。
　そういった編集が早過ぎる南インド映画の流れの中でいくと、ラージャマウリ監督は実際のアクションも重視しているような気がしますが。
宇田川　『バーフバリ』シリーズの方がよかったかな。『RRR』も、最初の方のラーマがやたらに強くて人をどんどん倒していくシーンはアクションとしてもよかったし面白かった。悪い奴だな、と思ったけどね。
浦川　それが狙いですよね。悪役として登場する。人の山がどんどん出来ていくシーンはジャッキー・チェンの『ドラゴンロード』

（82）を思い出しましたね。

宇田川　僕も思い出した。本当はいい奴だという、どんでん返しがもう少し上手かったらよかったんだけど、そこはあんまり上手くなかったね。アメリカ映画だとそういうのよくあると思うんだけど。

浦川　韓国映画でもよくあるような気が。

夏目　私は観直して、橋の下の子どもを助けるシーンが、あんな複雑な動きをあのアイコンタクトで分かるわけないじゃないかと吃驚しました。

宇田川　そこが荒唐無稽でまさにインド映画。

夏目　『サーホー』にせよ『K.G.F』にせよ、ヒーローは「王」で、いかに王をカッコよく見せるかに腐心するんだけど、ラージャマウリ監督はあまりそこには興味がないような気がします。『バーフバリ』もそもそもバーフバリは二人いるし、敵役のバラーラデーヴァも内面もきちんと描いています。

一人のヒーローものが続いたところで、『RRR』は世界的には古典的なバディものに戻ったというか、まぁ今のフェミニズムの文脈で言うとホモソーシャルなんて悪口も可能なんだけど、普遍的なところに戻ったという見方もできるのではないかと。

宇田川　『ムトゥ 踊るマハラジャ』も一人の話だしね。

夏目　使用人だけど実は地主の跡取りだったっていう話ですよね。

宇田川　ラジニカーントはみんな彼一人で持っていくよね。ところで、インド映画で二人の

『ムトゥ 踊るマハラジャ』

ヒーローが出てくると、「バディ」というより「デュオ」という感じがする。両者で主張し合っていて。かつてマニラトナム監督の『ザ・デュオ』（97）という傑作もあったけど。

夏目 ラージャマウリ監督のアクションの特徴は、荒唐無稽でマンガ的なアクションかなと思いますが。

宇田川 でもそれが彼のオリジナリティかと言えば、あんまりそういう感じはしないんだよね。

夏目 でも『RRR』の英国総督の家を襲う時に猛獣がたくさん出てくるシーンとか、『バーフバリ 王の凱旋』（17）でダンゴムシ状態の兵たちがヤシの木でブン投げられるとか、ああいうの他にあるんですか？

宇田川 確かにこれというのは今パッとは浮かばないけど……。

夏目 編集で割って作る面白さではなくて、橋の下の子どもを助けるシーンなんかもロングテイクですよね。私たちが「こうなるんだ」という想像を裏返すような荒唐無稽なアクションを、勿論VFXは使ってるんだけど編集技法でなんとかするというレベルではなく、実現させているような気がしますが。

浦川 『バーフバリ』の方がロングテイクでガチな格闘をやっている感じはしました。

夏目 あと『K.G.F』を観た時に、女性観は古いんだけどヤシュはかっこいいし、「ポリコレ社会に疲れた人たちがインド映画に集まっているのかな」と思ってしまいました。

宇田川 『ムトゥ 踊るマハラジャ』で起こった最初のブームの時からそうだったと思うんだよ。インド映画は何も考えずに楽しめる安らぎの場だったのに、夏目さんみたいに批判的な視線で見たり、ポリコレを持ち出したりすると、せっかくの安らぎの場が奪われてしまう感じがする（笑）。

宝塚版『RRR』

夏目 それでは宝塚版『RRR』について。私と浦川さんしか観れていませんが、ではまず浦川さんの感想から伺いましょうか。

浦川 三時間の映画を一時間半の舞台に上手く纏めたのと、ラーマとビームを二人の美しい女性が演じていてあまり違和感がなかったのがすごいと思いました。ジェニーのご都合主義的キャラが、もっと説得力のあるキャラなのもホッとしたというか、あのアレンジは日本向けなのかなと。

夏目 確かに。ジェニーの内面が映画よりも深く描かれてました。

浦川 大分まともでしたよね。

夏目 私は宝塚自体観るのが初めてだったので、その世界観にやられてしまいました。インド映画に負けず劣らず、濃い。女性が男性を演じるのもそうだし、『RRR』の後にやった演目も凄かったですね。

浦川 そうそう。『VIOLETOPIA』という一時間弱の演目なんですが、バイオレット＝すみれは宝塚のシンボルフラワー、ということで、すみれにちなんだ異世界を主人公が彷徨うファンタジーです。

夏目 ストーリーがあるようでなくて、いろんな衣装に着替えるんですが、最後にはみんな紅白で小林幸子が背負うような孔雀の羽みたいなものを背負って……。
　あと『RRR』の方でモブシーンが凄い作り込まれているのに感心しました。例えばビームとジェニーが街を歩くシーンでも、二、三〇人が街の人の役で、全員話をしたりとか、ちゃんと演技してるんですよ。むしろカット割りがある映画だとあそこまでやらない。演劇でもあの人数はないと思います。

浦川　宝塚って大スターだけでなく脇役もすごくレベルが高いというのは聞いたことがあります。その中から次のスターを目指すので、小さい役でも手を抜かない。

夏目　インド映画もモブシーンに手を抜かないところは共通点かなと思いましたが、インドの大作映画はかけれる額が違いますからね。

浦川　インド映画のモブシーンに関しては、ダンスシーンでヒーローやヒロインの背後の何十人、下手すると一〇〇人くらい、みんな楽しそうに踊っていて、いつもあれ感動しちゃうんですよね。

夏目　ダンスシーンも、やっぱり映画と較べちゃうと適わないんですが、歌いながらやるのでその体力を考えると凄いですよね。歌をメインにしていて、映画と同じ情動が湧き上がってくるのには素直に感動しました。
　形式も違うし制約もあるのに、上手く舞台化していたなという印象です。

浦川　トップスターのオーラと舞台上の一体感、それとやっぱり革命や民族決起のテーマがグッとくるものがありましたね。

〔二〇二四年二月二二日収録〕

論考●

戦略的に、マンガ的な物語や神話を使うということ――『RRR』における分断と協調

藤田直哉

『RRR』は、グローバルサウスを扇動する物語か？

初めて劇場で観たときに、面白くて、高揚したものの、そのマンガ的な内容や、ポピュリズムを煽るかのような作劇に、警戒の念を抱いたことを、よく覚えている。それは、敵味方を単純化させて人々を煽って動員するポピュリズムの物語によく似ているように思えたし、そのような物語が世界で問題を起こしているように感じていたからだ。

ロシアのＫＧＢアーカイブの研究成果（保坂三四郎『諜報国家ロシア』、トマス・リッド『アクティブ・メジャーズ』）によると、差別や社会の問題に介入し西側諸国を混乱させ、民主主義の地位を落とし、民主主義や資本主義や法の支配などの西側の価値観を疑う側に共感を誘い世界秩序や覇権を覆そうとするロシアの戦略が存在している。そこで用いられているのは、敵味方を二項対立にし、「あいつらを倒せば自分たちの不幸は改善する」という単純な物語という武器なのだ。もちろん、それを使うのはロシアだけではない。

本作のマンガ的な作劇も、面白さを感じると同時に、懸念を抱いてしまう。ここで言うマンガ的とは、「リアリズムではなく極端に誇張し身体レベルで分かりやすく描いている」「人間の複雑で多様な有様を切り詰め、単純な構図として提示する」「現実にはあり得ないような状況を突破するほどヒーローたちが強い」「現実では疎外され抑圧されている者たちが力を得て活躍する」という部分を指して言っている。

このような、単純な物語、ルサンチマンを晴らすための物語は、ＳＮＳ時代のポピュリズムと相性がいい。「敵味方」を単純化し、二項対立を作り、「自分たちの問題はあいつらのせいで、それを倒せば解決する」という物語――男が悪い、女が悪い、白人が悪い、資本主義が悪い、家父長制が悪い、左翼が悪い――に感情的に動員するのが、ＳＮＳにおけるポピュリズムである。そしてそのことの弊害や問題も、たくさん起こってきているのが現在なのだ。

活動家の逮捕に抗議する民衆を描いたシーンは、一九二〇年代のインドを舞台にしていながらも、ネットでの#Me Too運動や、路上でのＢＬＭ運動が盛り上がっている現代社会を連想させる。筆者は、これらの運動を否定するものではない。しかし、大衆的なポピュリズムと一体化した二〇一〇年代の運動の中で、様々な行き過ぎや不正義が起こったことも事実である。ライアン・クーグラー監督『ブラックパンサー』（18）のように、運動に共感しつつも、内省を促すようなマーヴェル映画すらが作られている現状で、『RRR』（22）の描き方に諸手を挙げて賛成できるのかどうか、疑問を感じたのだ。

特に後半の描き方は、あまりにも「白人／インド人」という二項対立を前提とし、前者が悪で後者が善であると誇張して描きすぎていないだろうか。総督夫人のキャサリンに、棘の生えた鞭を使って血を見たいと言わせてしまうのは、あまりにも悪を戯画化しすぎてはいないだろうか。それは、「西洋が自分たちを搾取している悪である」という、現在の新植民地主義的言説にあまりにも与してしまうのではないか――それは、「西側の価値観は実は欺瞞であり、実は裏で搾取や暴力をしているのだ」という、ロシアらが世界秩序を不安定化させるために広めようとしているナラティヴに近づかないだろうか。

もちろん、植民地主義は悪である。イギリスがインドで行った悪行は、人類史における大罪であり、決して許されるものではないと思う。新植民地主義的な搾取が今でもあることも否定しない。それらを改善するべきだということには、一〇〇パーセント同意する。しかしながら、「白人やイギリスが悪で、倒せばいい」というような単純なナラティヴが流通してしまうことには、現在の世界情勢の中で分断と対立を煽ってしまい、第三次世界大戦のリスクを高めるのではないかという危惧を覚えるというのが率直な印象である。

本論では、まずはそのような疑問を出発点に、『RRR』が何をどのように描き、どのような戦略を持っていると解釈しうるのかを検討する。

戦略的に、マンガ的な物語や神話を使うということ

先に、『RRR』が用いている戦略についての結論から述べる。

現実や社会や人間は、複雑で多様であり、簡単な二項対立や物語やモデルに収まるものではない。しかし、複雑なものを複雑なまま提示すると、人々を感情的に動員することが難しくなる。現実や実態の複雑さは、認知的に理解する難易度が高いからだ。映画や演劇には、そのような複雑なものを、身体的なレベルに落とし込み、分かりやすく伝えるための装置という側面がある。逆に純文学などではその分かりやすさを否定しようとするが、結果として影響力を持てないというジレンマがある。

だから、運動の場合、状況を動かすために敢えて単純化することがあり、そのような戦略は「戦略的本質主義」と呼ばれる。この概念を作ったのは、インドのマルクス主義フェミニストであるガヤトリ・C・スピヴァクである。

スピヴァクは『ナショナリズムと想像力』で、インドの「分断」を憂いている。彼女は幼少期にヒンドゥー教徒とイスラム教徒が近い場所に住んでいたが、ナショナリズムの高まりにより分断され暴力的な抗争が起きるようになったと言っている。「それは政治的に動員された暴力でした——インドは分断されつつあったので、それまで小競り合いはあってもずっと何百年もいっしょに暮らしてきた人々が突然敵同士になったのです」(p9)。

『RRR』もまた、インドにおける分断と統合という問題に挑んでいる。そして、そこで用いている戦略は、スピヴァクの提案した戦略的本質主義と似て、マンガ的でポピュリズム的な物語を使うというものである——それによって、国内外の観客を得ることに成功している——が、単にそれだけであれば、先に述べたポピュリズムの物語と似た危険を持ってしまう。

その問題を、本作はどう避けているのか。それは、隠喩的な重ね合わせを利用したものだ、というのが、筆者の解釈である。

異質な者同士の協調への願いを込めた寓話

具体的な作品の中身を見てみよう。

先に記した分断への懸念とは正反対に、主役であるラーマとビームの二人の間にあるメッセージは、むしろ「協調」である。

『ＲＲＲ』制作の背景には、テルグ語地域であるアーンドラ・プラデーシュ州において深刻な対立が起こり、二〇一四年に分裂し、新たなにテランガーナ州が出来たことがあると監督のラージャマウリは語っている（山田桂子＋山田タポシ『ＲＲＲをめぐる対話』）。

ラーマの出身はアーンドラ・プラデーシュ州であり、ビームはニザーム藩王国であったテランガーナ州出身である。前者の方が教育のレベルが高く、裕福であるが、その格差は英語が喋れて瀟洒な格好をしているラーマと、読み書きも出来ないビームという形で登場人物の設定にも反映されているだろう。本作は、基本的には、ラーマとビームという二人の人物に象徴させたアーンドラ・プラデーシュ州とテランガーナ州の対立と葛藤、協調のドラマとして理解することが出来るだろう。

二人の対比を、もう少し見ていこう。既に述べた通り、ラーマは英語も使える知的なエリートで、上位カーストであり、イギリス政府に仕え、出世もしている。そして、宗教的な態度も少なく、合理主義者であるように見える。一方、ビームは、ゴーンド族という少数の部族の人間であり、自然と近しい関係を持っている。大地や森の女たちに呼びかけるし、イギリス人たちにも解毒できない蛇の毒から命を救う薬草の使い方もできる。総督府に襲撃するときには動物たちを引き連れてきており、自然や（いい意味での）野蛮さ、生命力というニュアンスが強い。

ビームが誤解を解き、ラーマを救出したとき、二つの首飾りが「陰陽」のように一つの円になる。作中の意味としては恋人との誓いのための首飾りであるが、象徴的には、ラーマとビームという「分裂した二つの州」が協調し統合したことを意味するだろう。その後、ビーマが肩車し、ラーマが上に乗り両手に銃を持つ。これも「合体したら強い」という寓意の表現だろう（現実には動きにくいはずだ）。

本作で一番大きな葛藤と変化を経験するのが、ラーマである。イギリス政府に仕え、エリートコースにいた、お洒落で合理的な彼は、クライマックスでは髭ぼうぼうの野生的な姿になり、弓と矢で戦う。ビームのように、（都会の教育を受けた人間から見れば遅れていると見做されがちな）神話・宗教的な側面を体現するようになった彼が「最強」になり、神話的な人物として描かれるのだ。彼は、弓矢＋手榴弾という、神話＝インド＝土着＝非合理と、テクノロジー＝西洋＝近代＝合理の合体しいいとこどりをした姿になる（ラーマの乗り物は馬であり、ビームはバイクに乗り、整備もできるという対比も冒頭から繰り返されている）。

ここで折衷が試みられている対比は、世界中で理解可能なものだろう。都会の教育を受け裕福で理知的で合理的なエリートと、地方の教育を余り受けていない貧しく土着的で信心深い人々、という構図は、例えばアメリカの都市部のエスタブリッシュメントと、南部の福音主義者などの間にあるとされているものであり、その政治的な顕れが民主党と共和党の分断と対立として現れる。それは、陰謀論やデマの蔓延を引き起こし、内乱や内戦に近い状況にまで緊張感を高めている。

『RRR』は、この二人が手を握り、変わっていくことで、この分断を乗り越える希望とビジョンを提示していると言えるだろう。

だが、そこで手を取り合うために必要とされたのが、「祖国」への愛と、共通の「敵」なのであった。後半において、ラーマが実は単に立身出世を目指していたのではなく、本当は祖国のために武装蜂起しようとしていたことを知って、ビームは泣いて感動する。そして、共に、イギリス政府の総督夫妻に立ち向かい、成敗する……。

人類は、共通の敵がいると、結束しやすい。逆に、結束するためにこそ、「敵」を作り上げる（捏造する）こともある。しかし、外に敵を作ったとして、もう一段上のレベルで協調する際には、さらに外に「敵」を必要とするというメカニズムは、延々と終わりがない。そして、人類が今苦しんでいるのは、宇宙人などの外部の敵がいない状態で、人類がどう協調していくのかについてである。敵を外に見出して結束を図るという方法論が使えないような問題に直面している人類という観点から見れば、『ＲＲＲ』の決着は不徹底に見える。

アーンドラ・プラデーシュ州とテランガーナ州の間には分断と対立ではなく協調の夢が語られたが、インドとイギリスの間にはその夢を見ることはできないのだろうか？　ジェシーとビームのラブロマンスに、若干その夢と可能性が賭けられていたと言うことは出来るかもしれないが、国内的には線を乗り越える「協調」を促しつつも、白人・イギリス人に対しては「敵対」「分断」のラインを引いているように見える。その線引きの根拠は、ナショナリズムではないかと思えてしまうからだ。

その点を、もう少し検討してみよう。

『ＲＲＲ』とヒンドゥーナショナリズム

笠井亮平『『ＲＲＲ』で知るインド現代史』によると、スレンダル・レッディ監督『サイラー　ナラシムハー・レッディ　偉大なる反逆者』（19）やラーダ・クリシュナ・ジャガルラームディ監督『マニカルニカ　ジャーンシーの女王』（19）という、二〇一〇年代後半のインド映画では、「イギリスに対して武力で立ち向かった」人たちの物語が描かれがちであり、「そこではイギリス人は残忍で狡猾な侵略者であり、殲滅すべき敵として描かれる。『RRR』も、こうした系譜に位置づけられる」(p105)。

　その背景には、インド全体で、植民地支配に対する批判の機運が高まっていることが指摘される。その原因として、インドが急速に経済を発展させ自信を持ったことと、二〇一四年以降に国民民主同盟が与党になりモディが首相になったことが指摘されている。与党は「ヒンドゥー至上主義」を掲げており、ヒンドゥーナショナリズムが盛り上がっている。

　であれば、『RRR』は、ヒンドゥーナショナリズムに阿ったポピュリズム映画であり、プロパガンダ映画なのだと言えるのだろうか？　そのように批判するレビューは散見される(Snoopy Dogg「『RRR』爆発的なヒットの影で加速するヒンドゥーナショナリズム」など)。しかし、おそらくは、そう単純なことではない。

　インド研究者の山田桂子は「日本人がそう感じるのは無理もないですが、はっきり言って誤解です」(p66)と述べ、アジア映画研究者の松岡環は「いえ、むしろ私は、多様性の大切さといった点をしっかりおさえた、リベラルな愛国映画だと思います」「ヒンドゥー至上主義者を刺激して対立をあおるようなことがないように、配慮した」(「記録更新中のインド映画「RRR」研究者をうならせた細部の多様性」)作品だと言っている。

　『RRR』がヒンドゥーナショナリズムかを検証するためには、ヒンドゥーナショナリズムがどんなものか知る必要がある。

　佐藤宏「権力についたヒンドゥー至上主義」によると、ヒンドゥー至上主義は「文化ナショナリズム」であり、そこには「マイノリティの文化や存在そのものに対する攻撃をあからさまに掲げる」傾向があると言う。インドには数多くの宗教があり、様々な部族がいるが、その中でもヒンドゥー教を優遇しようとする思想であり、その宗教のあり方に基づいて国家のあり方をも変えようとしているという。

ヒンドゥー教を「至上」とするということは、そこにあるカーストの問題や、女性差別などの問題をも肯定する傾向が出てくる。そして、ヒンドゥー教の思想に「一体」となることを求めるがゆえに、ムスリムなどの異なる宗教を持つ者や、少数民族などは、排除や攻撃の対象になりやすい。

とすると、『RRR』は、ヒンドゥー至上主義そのものではないと言えるだろう。まず、主人公の一人であるビームが、部族の人間である。さらに、（フェミニズム的には前作『バーフバリ』から後退しているという批判があるとはいえ）ジェニーの描き方などを見ると、女性に対して抑圧的だったり家父長的だったりするものを肯定しているようには見えず、むしろ、自由で意志を持つ開明的な女性が肯定的に描かれている。ラーマはヒンドゥー教徒の上位カーストだが、前半においてはイスラム教徒に扮していたビームと親しく交わっているし、正体を知った後も、カーストを意識している素振りもない。だから、『RRR』は、ナショナリズム的ではあっても、ヒンドゥー至上主義そのものではなく、「リベラルな愛国映画」（松岡）だと見ることには妥当性があるだろう。

歴史修正主義的な物語を何故使うのか

その上で、この映画が何をしようとしたのかを、もう少し検討していってみよう。

監督は、クェンティン・タランティーノの『イングロリアス・バスターズ』（09）から着想を得たと言っている。『イングロリアス・バスターズ』は、ナチス・ドイツを扱った映画であり、史実とは異なり、ヒトラーたちを爆死させるエンディングが話題を呼んだ。

ラーマとビームにも実在のモデルがおり、両者とも革命と反植民地主義の英雄である。しかし、現実に両者が手を取り合った記録はなく、ラーマは銃殺刑、ビームは森の中で警官たちに殺害されている。本作は、実在の人物たちの歴史を思い起こすような意匠や場所が散りばめられているが、想像力の中でそれを上書きし、史実とは異なる展開をさせている。

なぜこのような「歴史修正」的な物語を描いたのだろうか？　それは、佐藤が「歴史修正主義がヒンドゥー至上主義の第一の要素」であると述べていることがヒントになるのではないか。「モーディー政権の下で権力についたヒンドゥー至上主義は、『歴史修正主義』と『文化の政治』を両輪にして、インド国家そのものの改造に着手している」（p3）のだという。

本作は明らかに、歴史修正主義的な想像力に依拠した作品である。そして、ルサンチマンを元にしたポピュリズム的な情動に訴えかけている作品でもある。しかし、ヒンドゥー至上主義に、ある部分においては抗している。敢えて言えば、歴史修正的な心情に介入することで、ヒンドゥー至上主義的な思想を矯めようとしていないだろうか。

科学コミュニケーションや陰謀論の研究で、何か間違ったことや非合理的なことを信じている人間に、「正しい」ことを教えるというコミュニケーションが必ずしもうまくいかないことが分かっている。科学や事実や論理は、それ自体に価値があるという合意を共有していないものたちや、強い情動や感情に呑み込まれているものたちには、そのままでは通用しにくい。なにより、科学や事実を最も基礎的な価値観として重視するべきであるということに人類全体で合意が得られているわけではなく、宗教や感情や習俗を基礎的な価値観と考える人たちもいる。そのような対立の寓話としてラーマとビームのドラマがあることは、既に述べたとおりである。

であるならば、宗教的な感情や、歴史修正をしたくなるアイデンティティのメカニズム、ポピュリズムにもつながる感情や情動をまずは受容した上で、そこに介入し、その方向を変えるという介入の仕方こそが有効になるのではないか？『ＲＲＲ』が採用しているのは、そのような戦略なのではないか。

合理主義者であり、西洋的な考え方をしていたラーマが、拷問を受けているビームを見て、「歌」こそが民衆の心を動かす武器なのだと悟ったシーンは、本作が採った戦略を寓意的に表現しているのではないか？歌、詩、神話など、民衆の心を動かす非合理な力をこそ「武器」にするというラーマの戦略が、映画の中で具体的に実行される場面はない。その代わり、「この映画」こそが、その実行なのではないだろうか。その覚醒を得てビームと合体したラーマが最強なのは、既に論じてきた通りである。

山田桂子は、監督が合理主義者であり、無神論者であることを強調し、「近代合理主義精神と無神論の愛国主義」（ｐ１５７）と本作を呼んでいる。そうだとすれば、本作は、近代合理主義者かつ無神論者が、宗教や神話や物語を利用する戦略を採った映画だと言えるだろう。

あるいは、監督の立場はリベラリズムそのものではないかもしれない、とも思われる。宗教を私的領域に押し込めて公的領域を世俗化していくことを規範的に是とするリベラリズムを批判し、公／私の分離や宗教の否定を批判し別種のビジョンを提示しようとしてきた宗教多元主義のインドの論者たちの系譜がある（中島岳志『ナショナリズムと宗教』参照）が、本作のあり方自体はそちらに近いようにも思われるのだ。

重ねあわせによる、ポピュリズム的な物語の脱臼

冒頭の問いに戻ろう。イギリスの総督たちが過剰に悪く描かれているのではないか、「インド人／白

人」というラインが引かれて、分断と対立を煽る物語になってしまう可能性への危惧が、本論の問題意識だった。しかし、おそらくは、その危険性を「重ね合わせ」の手法によって回避しようとしている。

ヒンドゥー至上主義への批判の意図が本作にあるという読みが妥当であれば、本作におけるイギリス＝植民地主義の帝国は、単にイギリスや白人のみを意味しないだろう。つまり、部族や異なる宗教や女性たちを、劣った下位のものと見做し、差別や抑圧を行い、単一の文化へと同化しようとするヒンドゥー至上主義者たちの姿が、植民地主義者と重なるように作られているのではないか。

序盤で、ラーマは、白人たちばかりが出世していき、自分は出世できないという「差別」を経験していた。それに共感し、植民地主義に怒りを覚えるのであるならば、同じような抑圧や差別をしてはいけないのだと、観客に言外に感じさせるように作られているのではないだろうか。

本作は、インドのナショナリズム的な情動、神話に介入し、それをSNS時代における世界的なポピュリズムの運動とも重ねる戦略の作品なのだ。具体的な場面で言えば、ナートゥ・ナートゥを踊る直前に、転がり落ちた金属のトレイが、黒人のドラマーの前に転がっていき、トリニダード・トバゴの黒人たちが発明した楽器スチールパンのようになるというシーンがあるが、それはまさに黒人たちの連帯の表現であろう。さらに、そのナートゥ・ナートゥに女性たちが好意的に反応して踊るのも、#MeToo運動などのフェミニズムの運動との連帯を示す場面と受け取るべきなのかもしれない。

つまり、本作がやろうとしたことは、偏狭で抑圧的なナショナリズムやポピュリズムと通じかねない情動を、「正義」を目指す世界的な運動や、リベラルな多様性を認める方向に変える、新しい神話を提示しようとすることなのではないだろうか。山田は「危険な綱渡り」（p159）をしていると評しているが、まさにその通りだろう。
　そう理解するならば、ラーマとビームの「協調」もまた、アーンドラ・プラデーシュ州とテランガーナ州のみの協調と受け取るべきではないのだろう。そこには、グローバルサウスと先進国、アジアと西洋の和解と協調という側面も重ね合わされているかもしれないのだから。

主要参考文献

植村和秀『ナショナリズム入門』二〇一四年、講談社
笠井亮平『『ＲＲＲ』で知るインド近現代史』二〇二四年、文藝春秋社
ガヤトリ・C・スピヴァク『ナショナリズムと想像力』二〇一一年、青土社
佐藤宏「権力についたヒンドゥー至上主義 ―歴史修正主義と「文化の政治」―」（湊一樹編『インドのポピュリズム モーディー政権下の「世界最大の民主主義」』所収）、二〇二二年、アジア経済研究所
中島岳志『ナショナリズムと宗教』二〇一四年、文藝春秋社
松岡環「記録更新中のインド映画「ＲＲＲ」 研究者をうならせた細部の多様性」二〇二三年、朝日新聞
山田桂子＋山田タポシ『ＲＲＲをめぐる対話』二〇二三年、PICK UP PRESS

論考❋

国民と音楽とポスト・トゥルース——『RRR』をめぐる四つの断章

夏目深雪

『RRR』は何度も鑑賞する人がいるという話が、まことしやかに囁かれてきた映画だ。三五回、四六回、なんと一〇〇回観たという話もあった。週二・三回観ると言われると少し異様なものも感じるが、同じS・S・ラージャマウリ監督の『バーフバリ』二部作（15、17）の時から声出しOKな応援上映や、コスプレや紙吹雪など、通常の映画上映とは違う盛り上がり方をしたので、私は複数回鑑賞も、同じような「推し」的な、観客参加型なのかななどという観点で捉えていた。

自分が考え違いをしていたのではないかと思ったのは、この原稿を書くために三度目の鑑賞をした時だ。私は試写で最初に観た時はどちらかというとネガティヴな印象を持った。

I.『RRR』をめぐる状況

あくまでナショナリズムやフェミニズムという観点から見てということだが、架空の王国を舞台にした神話的な『バーフバリ』二部作が、国境や男女の壁も消失させるような物語としてのダイナミズムを持っていたのに較べ、あまりに話が単純過ぎた。インドの独立闘争と男の友情をメインに据えたこの映画に、複雑さを求めても仕方がないという話もあるが、『バーフバリ』を評価していただけに、後退に見えた。

中国では抗日映画が一九三二年の『第一次上海事変』以来、現在に至るまで九〇年余り途切れなく量産され、内容的には玉石混交なものの一つのジャンルを確立し、もちろん日本では劇場公開されることはないが本国では大ヒットしたものもある。初期は『紅いコーリャン』(87)や『紅夢』(91)などの傑作を撮りながらも、扇情的な抗日映画『金陵十三釵』(11)を本国で大ヒットさせ、二〇二二年の北京オリンピックの開会式/閉会式の総監督を行ったチャン・イーモウ(張藝謀)とラージャマウリ監督が重なった。

もちろん『RRR』は日本兵によるレイプを扇情的に扱った『金陵十三釵』とは違い、性に纏わるエピソードは基本避けられている。橋の下の子どもを助けるアクションシーンなど、『バーフバリ』のアクションシーンに勝るとも劣らないダイナミックなものだ。『バーフバリ』と違い近代劇なので、インド人を差別する英国人をダンスで打倒する「ナートゥ・ナートゥ」ダンスシーンもインパクトと爽快感で『バーフバリ』のダンスシーンより優れているくらいだ。一緒にするなとお怒りになる向きもあると思う。だが、英国総督の妻キャサリンが串刺しになるラストは、中韓の抗日映画と近いテイストがあった。最終的に英国総督を倒すという、歴史改変に関してもそうだ。

また、アクションシーンとダンスシーンの素晴らしさが結果的に国威発揚に繫がっているところが逆に危うさを感じ、引っ掛かったというのもある。『URI／サージカル・ストライク』(19)の非常にクオリティが高いのに、テーマが愛国主義しかないような映画を観た時の寒々しい感覚が蘇った。『ミッション・マンガル 崖っぷちチームの火星打上げ計画』(19)のように決して愛国主義的映画ではないし、女性やはみ出し者への温かい目がある優れた映画でも、どこかに国威発揚的なきな臭さを感じたのだ。近年の何本かのインド映画に対して感じた危うさが私に警笛を鳴らしていた。

現首相であるモディ首相のヒンドゥー至上主義が映画業界に及ぼす影響については、『RRR』の日本公開時には、日本語で読めるニュース記事はなかった(その後、例えば松岡環の映画配信サイトJAIHOのコラム、二〇二二年一二月二八日付の記事[★1]では、二〇二二年三月にインドで公開されたヒンディー語映画『The Kashmir Files［カシミール事件簿］』(未)を紹介。この映画はイスラム教徒過激派がパンディト［最高位のバラモン階級に属するカースト］を迫害した事件を描いていて、ヒットしたことにより、本作を批判した人はBJP支持者やヒンドゥー至上主義者などから叩かれることになったという。松岡は二〇二三年二月二二日付の記事[★2]では当該映画を「はっきり言えば『イスラム教徒ヘイト映画』」と再度紹介、その空気が二〇二二年八月にインドで公開したアーミル・カーン主演の『Lal Singh Chaddha』(未)に対するボイコット運動へと続き、それがさらにその後公開作が控えている、イスラム教徒であるサルマーン・カーン、シャー・ルク・カーンを含む三人のカーンへのボイコットに繫がる可能性があったと紹介している)。

映画が政治状況によって影響を受けざるを得ないのは紛れもない事実である。アジア全体を俯瞰してみると、政治情勢や検閲などに苦しみ、表現の自由を脅かされている映画作家は多い。ロウ・イエ（婁燁）の『天安門、恋人たち』（06）は中国当局の許可を取って撮影したものの、「技術的な問題」により審議が行われず、許可がないままカンヌ映画祭で上映したため、映画は中国で上映禁止、ロウ・イエは五年間の活動禁止処分を受けた。ロウ・イエは『スプリング・フィーバー』（09）を南京でゲリラ的に撮ったあと、パリに渡って『パリ、ただよう花』（11）を撮った。アピチャッポン・ウィーラセタクンの『世紀の光』（06）の場合、僧侶がギターを弾く場面などが問題になり、タイでの公開が中止になった。彼の最新作はタイを離れ、コロンビアで撮った『MEMORIA メモリア』（21）である。大統領選で改革派のムーサヴィー候補を支持するなど保守派のアフマディーネジャード政権と対立したジャファール・パナヒは二〇一〇年三月に自宅で拘束され、その後禁固六年の判決と二〇年の映画製作と脚本執筆、また渡航などが禁止された。二〇一一年にカンヌ映画祭などで上映された『これは映画ではない』は、「脚本を読むのは映画製作ではない」という持論のもと、自宅でパナヒが脚本を読むのを映しただけの驚くべきドキュメンタリーである。

『PK／ピーケイ』（14）や『バジュランギおじさんと、小さな迷子』（15）を製作、公開できるほど宗教問題に関し表現の自由があったインドが今どういう状況なのかを吟味しないまま、『RRR』を評価することはできないのではないかということである。テーマが容易にナショナリズムに結びつくし、フィクションとはいえ歴史改変もしているし、物事の捉え方に新しさもない（中沢新一に「主題は「新しい主権概念の生成」だ」と絶賛された[★3]『バーフバリ』とは大違いだ）。

現在では、ヒンドゥー至上主義が映画界に及ぼす深刻な影響について日本語で読める記事もいくつか出ている。[★4、5] また、BBC制作の、モディ首相と少数派であるイスラム教徒との紛争を追ったドキュメンタリー『India: The Modi Question インド モディの真実』も、日本のテレビ局では放映されなかったが、学校・企業など団体への販売のみだが、丸善出版からDVDが販売されている。記事も十分怖ろしいが、『India: The Modi Question』の、人々がイスラム教徒を撲殺しているシーンは正視に耐えない。

山田桂子、山田タポシ著『RRRをめぐる対話 大ヒットのインド映画を読み解く』(PICK UP PRESS)では、今まで『RRR』に向けられた批判に一つ一つ答えている。モディ首相とラージャマウリ監督の関係に迫った部分はスリリングである。監督の父親で原案にも関わったV・ヴィジャーエンドラ・プラサードはモディ首相の主導で指名され、今や国会の上院議員である。監督は、モディ政権を『バーフバリ』で貶して『RRR』で持ち上げたのではないかというのが山田桂子の分析である。

笠井亮平『『RRR』で知るインド近現代史』(文春新書)は、タイトルに反して『RRR』を正面から扱ったのは第一章のみで、第二章は『サイラー ナラシムハー・レッディ 偉大なる反逆者』(19)、『マニカルニカ ジャーンシーの女王』(19)などインド独立闘争に関する映画を扱っている。第四章で、『RRR』でその存在が抜けていると批判があったガンジーの伝記映画『ガンジー』(82)を一章丸々扱っているのには驚かされたし、第五章では日本映画がインド独立運動をどう描いたかを扱い、読み応えはあるものの不思議な構成だと思った。笠井は後書きにて、『RRR』ではじめてイギリス支配下のインドに接する観客は、従来の伝えられ方とは違ったかたちでインド近現代史を理解することになるのではないかと感じ、このような構成にしたと書いている。『RRR』では武力による抵抗をクローズアップし、ガンジーによる「非暴力」闘争が触れられていない。著者の細やかで公正な心遣いに感銘を受けた。

Ⅱ．『RRR』と国民映画

「この映画はフィクションだ。歴史改変という指摘は的外れだ」という声もある。だが、映画は影響力が強く、最も洗脳に向くものだと言われる。国民映画（National Cinema）は時代や国、研究者によって定義が違うが、ここではアジアに顕著な戦時中、また戦後製作されたものでも戦争をテーマにした映画という意味で使いたい。ジャン＝ミシェル・フロドンは『映画と国民国家』（岩波書店）の冒頭で、国民と映画についてこう定義する。「映画と国民のあいだには性質上の共通性がある。それは双方を構成する共通のメカニズムに由来するのだ。それは〈投影〉である」（p7）。

「〈国民とは一つのイメージである〉。あるいはピエール・ノラが書いているように、「国民とはその全体が一つの象徴である」（『記憶の場所』）。このイメージとはそれが表象する現実と比べて「より大きな」ものであり、その象徴的有効性は拡大してみせる力に比例する。それゆえ、国民がいまだ現実には存在せず、建国のために闘う人々によって夢見られているとき、あるいは外敵によって占領されている場合などに顕著なとおり、現実の力のすべてでないし一部を奪われているときほどに、イメージが強力なものとなることはない。自らを投影し、自己の望ましい姿を差し出すことによってこそ国民は「形」を成すのである」（p8）。

アジア――前述したように特に中国で顕著だが――では大戦中、国威発揚のため鬼のような敵国人が出てくる国民映画を量産した。前述した『金陵十三釵』のような扇情的な愛国映画は日本では当然公開できず、そもそも国民映画は自国民に向けて製作されるもので、世界のマーケットを回るようなものではない。私の驚きは、目も眩むダイナミックなアクションシーンの数々と、「ナートゥ・ナートゥ」のような爽快感のあるダンスシーンがあるというクオリティの高さもあって、この映画が世界的にヒットしたということであった。インドの独立闘争を材に取り、二人の実在した活動家が、史実では出会うことはなかったが、もし出会っていたらという設定のもとに、拉致や拷問に苦しみながらも最後は英国総督とその妻を打ち倒す――。ストーリー上は、典型的な愛国映画／国民映画であるにもかかわらず、である。国境を超え、普遍的な物語になってしまったのである。

もう一つ、世界的な問題としてポスト・トゥルースの問題がある。アメリカでトランプ大統領が当選した二〇一七年当時、フェイクニュースが問題となった。だが、ポスト・トゥルースはFacebookやX（旧Twitter）などのソーシャルメディアが原因と言われ、それらが欠かせないツールとなった日本でも全く他人事ではない。日比嘉高は『「ポスト真実」の時代』にてこう述べる。「人々は自分自身の流儀と信条にしたがってそれぞれの信じたい真実を信じるようになっていく。ポスト真実の時代は事実を示したり伝えたりするメディアや専門家の権威が失墜し、事実そのものの信頼性が力を弱めていく時代なのである」★6

クエンティン・タランティーノ監督が撮った二本の映画、『イングロリアス・バスターズ』（09）や『ワンス・アポン・ア・タイム・イン・ハリウッド』（19）は、それなりに衝撃であった。現代では根源的な悪と捉えられているナチスを征伐する『イングロリアス』は普遍的な爽快感があり、シャロン・テートがマンソン・ファミリーに殺害されない『ワンス・アポン』の方が、爽快感と同時にどこか底が抜けたような空恐ろしさを味わった。ラージャマウリ監督は『RRR』の着想のきっかけが『イングロリアス・バスターズ』であることを明言している。[★7]『ＲＲＲ』とポスト・トゥルースとの関連についてはのちほどまた違う角度から分析するが、国民映画／愛国映画において歴史改変は珍しいわけではない。映画研究者の崔盛旭（チェ・ソンウク）は「歴史改変（alternative history）もの」についてこう述べる。「『歴史改変もの』とは、歴史が実際とは違う展開になった場合の現在や未来における架空の物語を描く、ＳＦジャンルの一種だ。歴史的な出来事にフィクションを加味する「ファクション」とは違い、仮定法によってまったく異なる歴史を再創造し、あり得たかもしれない歴史の多様な可能性を提示する。架空の歴史を見るというジャンル的な楽しみはもちろん、予測可能な歴史的選択肢の一つにもなりうるという点が、『歴史改変もの』に注目が集まる理由だ。一方でこのジャンルには、史実と二項対立的に単純比較され、史実がいかに正しいかを強調するためのものとして、プロパガンダ的に使われる危険性も潜んでいる」[★8]

『ＲＲＲ』は崔が言うようなＳＦだという断りはなく、キャラクターの設定のほかはラストだけ変えるという手法が『イングロリアス』や『ワンス・アポン』といったタランティーノ作品と似ている。もちろん映画自体フィクションではあるのだが、現実をベースにしたフィクションが盛り上がったすえ、全くのフィクションに着地する感覚が、やはり現実がフィクションに横滑りする「ポスト・トゥルース」の事象を連想させた。もちろん植民地主義は悪であるし、実際イギリスがインドで行った植民地政策は残虐なものである。だが、自身アメリカ人で直截的にナショナリズムと結び付いてなかったタランティーノ作品から、『ＲＲＲ』は自国の歴史を国民が望む方に変えるナショナリズムに直截的に結び付いてしまったのだ。しかも、ダイナミックなアクションと爽快感のあるダンスシーンと一緒に。

Ⅲ．音楽のような映画

そして、『RRR』を三度目に観た話だ。この原稿を書くために、驚くことに公開から一年以上経つのにまだ映画館で上映している『RRR』を観に行った。横浜のシネコンで、爆音を売りにした映画祭だった。

試写会場で身構えて観るのではなく、ファンやリピーターの方とともに観るというのもあるのか、音楽や音響がダイレクトに体に響いてくるのもあるのか、前二回とは違う経験だというのは最初から分かった。或いは宝塚版RRRを観たあとだというのも大きかったのかもしれない。宝塚版RRRは、映画から舞台という変換にもかかわらず、歌の再現の正確性とともに映画を観た時のものとまさに同じ情動が喚起されたことに驚かされた。あれを観たことによって、もう私の体は「ファン」や「リピーター」に作り変えられてしまったのかもしれない。

マッリが連れ去られる無慈悲、マッリの母が銃弾を使うのさえ勿体ないと言われ、木で殴られる残虐。ビームとラーマの出会いである、橋の下で火事に巻き込まれた少年を助けるシーンの荒唐無稽さが加速させるアクションのダイナミズム。二人で「ナートゥ・ナートゥ」ダンスで差別的なイギリス人を完敗させるシーンの爽快感。虎などの動物たちがトラックから飛び出てきてなんでもありのビームの祝祭・英国総督の館襲撃シーン。涙なしでは見られないラーマの家族が全員死んでしまう英国人による銃撃の回想。残虐さと憐れみが歌によって増幅されるビームの拷問シーン。私は大音響の音楽を全身で浴びながら、憐れみと血沸き肉躍る祝祭感と暴力の痛みと絶望感と征服の全能感とのジェットコースターに乗ったような感覚を覚えていた。

ストーリー上は「単純な勧善懲悪」だが、だからこそ「観客の情動のコントロール」が可能なのだ。

リズムとアクション、歌とダンス。インド映画の特徴は昔からドラマに突然歌い踊るドリームシーンがあることだった。それに近年のトレンドである荒唐無稽なアクションが合体して、「息もつかせぬ」と言えば聞こえはいいが、要はここまでダンスとアクションと情動のつるべ打ちをやると観客に「考えさせない」ことが可能になる。ドリームシーンのあるインド映画は浮遊感があって楽しめるが、『RRR』のダンスシーンはあくまで現実と地続きで、むしろ現実を打破する役割を担わされている。また、これは『バーフバリ』からの特徴だが、アクションの荒唐無稽さがユーモアと爽快感を纏いアクション自体のスケールアップに繋がり、作品のクオリティの向上に貢献している。近年のインド映画は軽めのストーリーも多いが、『RRR』は「ナヴァ・ラサ（9つの情感）」に忠実に、色気（恋）、笑い（コメディ）、哀れ（涙）、勇猛さ（アクション）、恐怖（スリル）、驚き（サスペンス）、憎悪（敵の存在）、怒り（復讐）、平安（ハッピーエンド）が詰まり、特にアクションと復讐が緊密に結び付いているのはテルグ語映画らしい重量感がある。

ストーリーが単純だと普通観客は退屈してしまうものだ。ストーリーが単純なのにアクションやダンスのせいで観客に考えさせる暇がないのは、ダンスやナヴァ・ラサの伝統、またアクションの進化があるインド映画ならではである。もっと言えばアジア全域でミュージカルが流行し、時代が経つにつれて他では廃れたのにインドにだけ残り、独自の映画の発展を遂げてきたインド映画ならでは、と言おうか。以前、『バルフィ！人生に唄えば』(11)や『ドナーはビッキー』(12)などの映画を挙げて「新感覚のインド映画」と名付け、論考を書いたことがあった。脚本の弱さがあり「歌とダンスがメイン」であった従来のインド映画より、「歌とダンスと脚本が密接に結び付いた」それらの映画を、「それはたとえ歌とダンスシーンがなくとも、映画自体がダンスをし、夢を見ているのだ[★9]」と結論づけた。

　そう、三度目に『RRR』を観て、同じようなことを思った。ダンスみたいな映画だと思ったわけではない、ダンスは抽象性があり意外と色々考えさせる。むしろ、情動を計算ずくでコントロールさせ、考えさせないという点において、音楽のような映画だと思った。爆音や応援上映がぴったりなのは、何度観ても飽きないのは、リピーターが多いのは、そういうわけだったのだ。そもそもみんなでコスプレして声を出したり、踊ったりするなんてコンサートみたいだ。

『響け！情熱のムリダンガム』（18）に関しても同じようなことを思った。何度観ても飽きない作品という意味では、先駆け的作品ではないだろうか。アウトカーストの青年がインドの伝統楽器ムリダンガムの魅力に目覚め、演奏者を目指すという基本はビルドゥングスロマンだが、映画祭の予備審査員としてこの映画を観た私は、その夏中、この映画、そしてA・R・ラフマーンによる音楽に憑りつかれていた。『RRR』と共通する点はある。『響け！情熱のムリダンガム』はムリダンガムだけでない、打楽器を中心とした南インド音楽の、『RRR』はエモーショナルな歌とイケメン俳優二人による超絶ダンスの素晴らしさ。その代わり、双方ともストーリーは単純である。アウトカースト出身でビジャイの推し活に熱心だったピーターが短期間ムリダンガムを習っただけで、師匠も脱帽するほどの腕前になってしまうというのがやはり嘘くさいのは否めない（ただこれはモデルになった人物がいて、彼が実際にビジャイのファンクラブで景気付けの打楽器演奏をしていたことから、リアルさを追求するためにされた設定だとのこと）。だが、このストーリーの単純さがキモだとも言える。ストーリーの荒唐無稽さが音楽で映画自体をグルーヴさせる燃料になっているとも言えるのだ。

　音楽は純粋芸術と言われる。いい音楽は何度聞いても飽きないものだ。もともとソング・ピクチャライゼーション、歌とダンスで「物語」を換骨奪胎或いは異化させるインド映画の形式が、さらに進化して、まさに音楽のような映画を作ったと言えるのではないか。ここで言う「音楽のような映画」は、ミュージシャンの伝記映画や、コンサートの記録映像とは全く違う。いくらいい音楽がそこで流れていても、それは「音楽のような映画」ではない。

ムリダンガムは低音と高音の組み合わせと指使いで力強く美しいグルーヴを生み出すことができる。確かに聴いているだけで恍惚とし、体が勝手に動き、リズムを刻んでしまうほどだ。この映画が稀有なのは、音楽の持つ純粋だからこその越境性が、物語にも影響を与えていることだ。弟子に入門を断られたピーターは、巨匠の家の前で子どもたちと一緒に太鼓を叩く。巨匠はそのリズム感に目を止め、ピーターに話しかける。カースト制の壁を越えたのはピーターの持つ天性のリズム感だった。

圧巻はラストのコンテストシーンだ。ライバルとの掛け合い演奏をピーターは始める。差別され、苛められた想い出が蘇る。次の演奏では、地方を周りながら様々な楽器を演奏した想い出が蘇る。ピーターのリズムとグルーヴが、会場に伝播していく。テレビの前の聴衆がリズムに合わせて手拍子を打ち始める。会場にいた若者が踊り始める。ピーターは伝統音楽であるはずのムリダンガムで、まるでスティーヴィー・ワンダーのように、聴衆を熱狂させ、躍らせた。演者と観客の境界も消える。ピーターの才能を妬み、ずっと嫌がらせしていた師匠の元弟子ヴィニートまでも、最後には満面の笑みとなる。

決して脚本の精緻さや演出の妙で賞賛されるような映画ではない。だが、音楽にとって最も重要なグルーヴに満ちている。グルーヴとは、出音の瞬間が期待よりもズレることによって起こる。思っていたよりも先走る、或いは遅れること。それがピーターが出自の壁を乗り越えるパワーとなり、映画を常に引っ張っていき、ラスト、ついに爆発するのだ。

較べて、『ＲＲＲ』はラーマとビームの、アクションとダンスと歌の、それぞれの要素が緻密に組み合わされたシンフォニーといった趣である。『ＲＲＲ』は前奏から始まり、トランペットのソロが終わったあとはしばらくフルートの協奏が続く。トロンボーンのソロのあと、ドラムが期待感を高めるように鳴り響き、クレッシェンドで全ての楽器がそのハーモニーを融合させる。

いくら左派のような批判を書いたところで、私は三度目の『ＲＲＲ』に客席から身動きできないまま臓腑を摑まれ、その音楽のような緻密な緩急と構造を心ゆくまで楽しんだ。そして、多分今後体験するのも楽しんでしまうだろう。他の映画と全く違って。

Ⅳ. ポスト・トゥルースとアクション映画

今度はポスト・トゥルースと『ＲＲＲ』の関係を他の角度から考えてみよう。アクション映画はもともとポスト・トゥルースとはあまり関係がなく、むしろ対極にあるものだろう。ＳＮＳの誹謗中傷が人を殺す時代だが、アクションヒーローたちは地道に肉弾戦でリアルに敵を倒してきた。だが、『バーフバリ』は明らかに荒唐無稽なアクションが魅力の一つになっていた。もともと古代の架空の王国の設定なので、主人公が滝を駆け登ったり、兵たちがダンゴ虫のように固まって入城を果たしたりという荒唐無稽なアクションも無理なく溶け込み、映画にユーモアとダイナミズムを加味させていた。アクション映画の専門家である宇田川幸洋氏と浦川留氏との鼎談（本書Ｐ１０７〜）の準備として宇田川氏に最近のアクション映画でお薦めのものを聞いた時、『ジョン・ウィック』シリーズと『ベイビーわるきゅーれ』シリーズを挙げられた。

『ジョン・ウィック』シリーズは『マトリックス』シリーズの印象が強いキアヌ・リーヴスが主演ということもあり、確かに全ての敵をなぎ倒してしまうところに真実味がないが、そんなに「荒唐無稽」だという印象はなかったのだが、『ベイビーわるきゅーれ』シリーズには驚かされた。若い女性が殺し屋という設定で、小柄で可愛らしい二人がボコボコとターゲットをなぎ倒していくのだが、ターゲットがいかついヤクザ者かと言えばそういうわけではなく、コンビニの店員を殲滅させたりする。また、殺す必要のなさそうな人間も殺してしまう。ポリコレ的には問題になりそうなところを、若い女性が殺す側という逆転ですり抜け、なんとも言えない小気味よさと爽快感を醸している。

II章の終わりではポスト・トゥルースの映画における影響においてネガティヴなものを見たが、我々が生きているのがポスト・トゥルースの時代であることは確かである。『マトリックス』(99)は滅法面白いSFアクション映画であると同時に、来るべきポスト・トゥルースの時代を予言した作品でもあったろう。昼間はプログラマー、夜はハッカーとして日々を過ごすネオだが、その世界は仮想現実であり、実際は寝たきりで機械に繋がれていたというビジュアルはショッキングなものであった。そしてそれは、パソコンにかじりついてSNSの閉鎖的な世界に引きこもり、自分だけの真実に耽溺するポスト・トゥルース時代の我々の姿の予言そのものである。

映画において(事実改変や歴史改変が前提であるSFを除き)、ポスト・トゥルースが直接的にテーマとして反映されているものは意外と少ない。だがここまで人々の日常に侵食した事象なので、多かれ少なかれ映画の作りに影響を与えているだろう。有名な史実の一部を改変したタランティーノの二作と『RRR』の類似点は、どこか愉快犯的なポスト・トゥルース時代の手つきを踏襲しているところであろう。そもそも、「あり得たかもしれない歴史の多様な可能性を提示する」というよりは、(ほぼ)ラストだけなのでオチめいている。タランティーノの二作の場合、歴史をよい方向に変えているわけだし、『RRR』の場合だってインド国民にとっては絶対的にそうだろう。もう決着がついている歴史であり、「イギリスの植民地主義が悪であった」ことも常識である以上、歴史改変と言っても目くじらを立てるほどのものではないのである。

だからこそ、愉快犯的なポスト・トゥルース時代の手つきを踏襲しているからこそ、引っかかった。ポスト・トゥルース自体は決してよいものではなく、現代において様々な問題を引き起こしている。それに乗っかるような映画に対して無条件に賞賛していいものだろうか、という問題意識である。だが、三度目に観た時に、特にアクションにおいてポスト・トゥルース的な楽しみ方というのは、こういうものなのか、と開眼させられた感があった。例えば橋の下の火事に巻き込まれた子どもを助けるシーン。旗を使ったダイナミックかつアクロバティックなアクションシーンだが、次に何が起こるか分かっ

『RRR』

ていて観ると目配せだけであそこまで複雑な動きをお互いに理解できるわけがない。でもやり切るのがリアルなアクションシーンとまた違う爽快感を観客に与えるのである。また、ビームも英国総督の館襲撃シーンで、トラックから虎やらの猛獣が飛び出てくるのも、「本当らしくないから」こそアドレナリン出まくりである。

ポスト・トゥルースの危険性がはっきりと社会に影響への影響として現れてきたのは近年だが、インターネットが出現した時の驚きは、今の若い人のようにネットネイティヴではないので、私自身はっきり覚えている。電脳空間（サイバースペース）とはよく言ったもので、確かに他人の頭の中身が常に隣にあるような、よく考えれば不気味な状況である。以前、渋谷哲也・夏目深雪編『ナチス映画論 ヒトラー・キッチュ・現代』（森話社）収録の論考「現代の映像環境とナチス映画」で、変種のＰＯＶ形式とも言える『サウルの息子』（15）や、変種のフェイクドキュメンタリーとも言える『帰ってきたヒトラー』（15）を取り上げ、こう書いた。

「個々の鑑賞者がそれぞれのメディア、そして自分なりの現実を持つようになってしまった現代において、虚構の映像が人々に与える影響、またはそれに浸る動機が弱くなってしまったことは否定できないだろう。だが、流行りのホラーやパニックもののＰＯＶ映画のごとく、サウルの後ろに貼りついて、死体を片づけながら収容所を歩き回ることは可能なのである。あるいは古（いにしえ）の極悪のイコンとともに、現代のドイツを歩き回ることも」（p44）。「ＰＯＶ形式によってフェイクドキュメンタリーが息を吹き返したことは、現実だけを映し取ったものも、虚構だけを映し取ったものも、もう満足できない。現実の世界でそうしているように、虚実の間（あわい）を歩きたいという、我々の欲望を表しているようにも思われる」（p45）。

ポスト・トゥルースとホロコーストというカタストロフィの関係を紐解いたこの論考では、我々の欲望をサイバー空間を歩くこと、つまり虚実の間(あわい)を歩くことに見出した。『バーフバリ』、『ＲＲＲ』と荒唐無稽なアクションを進化させてきたラージャマウリ監督作品。もともとインド映画と他国の映画との明らかな違いは、必ずといっていいほどドリームシーンが登場すること、またその繋ぎ目が明らかにされないことである。これはインドの思想的伝統で、現実と想念の区別がきわめて曖昧なこととも関連があるとのことである。ポスト・トゥルースは映画の根源的な魅力であるアクションにもその影響力の足を延ばし、『バーフバリ』という前哨を経て、インド古代神話とインド映画ならではの現実と夢の混合の構造を下敷きに、『ＲＲＲ』の観客をまさにラーマとビームとともに「橋の上からダイブして空を跳び」、「森を猛獣とともに走らせ」、その魔術的な魅力で観客を何度も映画館に通わせるところまで行った、とも言えるのではないか。

『ＲＲＲ』が、今政治や社会全体に悪影響を及ぼしているという側面でのポスト・トゥルース的な映画だと言うことはできる。だが、映画はそもそもフィクションである。現実が虚実が曖昧な世界になってきた時に、それを利用しつつ、現実の無慈悲さ（イギリスによるインドの植民地主義）を十二分に感じさせながら、夢のような登場人物とともに「彼ら＝我々が望んでいたはずの世界」を体験させる、先進的な映画だと言うこともできるのではないか。

私は『ＲＲＲ』を観た時から、「国民映画」だという想いを抱いたのだが、それはインドの独立闘争というテーマのみからの印象ではない。であれば、このように世界中でヒットしたり、人々の足を繰り返し映画館に運ばせたりはしなかったであろう。前述した「インドの独立闘争というテーマ」「音楽のような構造」「荒唐無稽なアクション」、この三位一体性が、この映画の魔術的で人々を熱狂させる厄介さを生み出している。通常の国民映画はフロドンが指摘するように「国民」を投影させるが、この映画に投影されているのは「インド映画」なのである。A・R・ラフマーンの生み出したグルーヴとリズム、現実と夢の間にある華麗なダンス、豪快なアクション、そういったものが投影されているからこそ、インド国民だけでなく、全世界で人々を惹きつけ、いまだに映画館でかかっているのである。「国民映画」ならず、「[映画国民]映画」とでも呼ぶべきこの新たなジャンルを、我々はどう扱ったらいいのか、持て余しているようにも思われる。何度も観に行ったり、或いは批判したりしても、この映画の厄介な魔法は決して消えることはない。

『RRR』はいつまでも我々を待っているだろう。現実と夢の間(あわい)で我々を「橋の上からダイブさせ」、「森を猛獣と走らせ」るために。それは助けを待っている子どものためでもあるし、インドという国を違う形で独立させるためでもある。太鼓の音がどこからか聞こえてきた――。

★1 松岡環「沸騰する世界最大の映画大国　インド映画縦横無尽⑲」https://news.jaiho.jp/column/2326/

★2 松岡環「沸騰する世界最大の映画大国　インド映画縦横無尽⑳」https://news.jaiho.jp/column/2538/

★3 中沢新一「新君主論(インド篇)」、『ユリイカ』二〇一八年六月号「特集『バーフバリ』の世界――インド映画と神話の豊穣」(青土社)三七頁

★4 AFP●BB News「イスラム教徒への憎悪あおる、カシミール舞台の映画がヒット インド」https://www.afpbb.com/articles/-/3399963

★5 EXPAT「映画「ケーララ物語」インドで物議をかもす超問題作」https://courrier.jp/expat/area/india/mumbai/119/25218/

★6 津田大介、日比嘉高『「ポスト真実」の時代』(二〇一七年、祥伝社)二三頁

★7 映画評論・情報サイトBANGER!!!　S・S・ラージャマウリ監督『RRR』超濃厚インタビュー!「NTR Jr.とラーム・チャランありきで始まった」【前編】https://www.banger.jp/movie/85133/

★8 サイゾーウーマン　崔盛旭「韓国映画『ロスト・メモリーズ』、歴史改変SFが「公式の歴史」をなぞる……描けなかったアンタッチャブルな領域」https://www.cyzowoman.com/2020/08/post_298185_1.html

★9 夏目深雪「新感覚インド映画の誕生」、松岡環監修・編、夏目深雪・佐野亨編『インド映画完全ガイド』(二〇一五年、世界文化社)二二頁

参考文献
山下博司・岡光信子著『アジアのハリウッド　グローバリゼーションとインド映画』(二〇一〇年、東京堂出版)

第3章

地域研究から見たインド映画

❁❁❁

他の地域では廃れたミュージカルが
廃れなかったなど、インドは
独特な映画の発展の仕方を
した地域である。
またアジアの映画はその国の政治に
影響を受ける部分が大きい。
映画から読み取れるもののみから
映画を論じるという、映画分析の
手法では論じきれない
インド映画の側面を
明らかにするために、
地域研究者の山下博司氏と
岡光信子氏に文化・歴史・宗教・
政治などの観点から論じてもらった。
お二人はまた今最も注目されている
南インドに関する専門家でもあり、
各言語地域の風土や映画産業が
どうなっているのかの話も興味深い。
インド映画が
どこに向かっているのか——
考えるきっかけになれば
幸いである。

座談会◉

歴史・宗教・政治から見るインド映画の変化

山下博司×岡光信子×坂川直也（構成）×夏目深雪（司会）

山下博司・岡光信子著『アジアのハリウッド グローバリーゼーションとインド映画』（東京堂出版）は二〇一〇年に出版されてから、インドの文化や地域性がよく分かる本として、インド映画ファンに読み継がれてきた。著者である山下氏と岡光氏は、インドを中心とした地域研究者として現在も活躍中である。お二人にインド映画に関わるようになったきっかけ、本を出版してから一五年の変化などを伺った。聞き手は東南アジアの地域／映画研究者の坂川直也氏と編者の夏目深雪氏である。話は南インド映画の歴史と興隆の理由、大ヒット映画『RRR』（22）、国民映画まで及んだ。

地域研究から見るインド映画

夏目　始めに自己紹介を兼ねて、お二人のインドとの出会い、インド映画に関心を持たれた経緯をお話頂けますか。

山下　私自身のインドとの最初の出会いは、古典でした。タミル語の前は、サンスクリット語をもちろんやっていたんですが、ドラヴィダ諸語に関心を持ち、古代や中世のタミル語の古い文献などを読んでいました。留学した時、教科書で習ったタミル語では全然使いものにならないので、現代のタミル語を日常生活も含めて学んでいこうとなった時に、インド映画に関心を持ちました。つまり、語学のためにインド映画に興味を持ったのが、そもそもの馴れ初めです。その後、インド映画の字幕も担当するようになったことがきっかけで、本格的にインド映画の世界と接触するようになりました。日本に戻ってくると、古代インドのことだけを研究していては大学人として生きていけませんので、インドの近現代のこともやるようになり、そこから地域研究との接点というものが生じてきました。僕の場合は、映画に対する関心と、地域研究が同時並行的に生じたところがあります。

夏目　『アジアのハリウッド』でも、地域研究者がなかなか映画業界での活躍の場が少ないと書かれていましたが、その辺りの思いがあって、『アジアのハリウッド』を刊行されたのですか。

山下　それも一つの重要な動機です。僕も映画についての論評や、多少の論文も書いたりしましたが、なかなか映画研究が研究の一分野としての認知がされていないところがありました。

インド映画に関しても、インドを含めて日本以外では、地域研究の中の映画研究という形で定着しているのですが、日本においては、地域研究と映画が分離していて、映画を論じる場合はその映画の中だけで収束し完結している。日本の場合は、映画とその地域との関係——映画がその地域社会に及ぼす影響、逆に地域社会が映画作りに及ぼす影響など——が完全に別なものになってしまっているんですね。

坂川　やはり、映画研究が活発になり、さまざま分析の仕方も出てきて、それらを使えばその地域社会のことをそれほど知らなくても、ある程度のことはコメントできるようになった。その弊害のひとつだと思います。比較文学研究や文学研究だとある程度、使用されている言語ができないと研究できないので、その言語を学習する過程で、その作品の背景、地域社会についても学び、それらを踏まえて、その作品を読み、分析することになると思うんですけど、映画研究は使用言語をそこまで学習しなくても分析は可能なので。

夏目　山下先生は、研究者としての肩書きは何になりますか。

山下　宗教学者であると同時に南アジア学会にも所属して、それなりに活動してきたので、南アジア地域研究＋宗教研究みたいなところが、僕の足場になっていると思います。

岡光　私は元々、子供のときから映画が大好きでした。大学に入学してから南アジア、特にインドの研究をすることになりました。たまたま、『ムトゥ 踊るマハラジャ』(95)を、山下さんが字幕監修するということで、影武者としてお手伝いしました。私は文献研究とフィールドワークを並行して行っていますので、フィールドでは人々の日常生活について間近で見ています。字幕監修では、文化的なことや慣習について、私が解説や説明をするようになりました。

夏目　元々インドにご興味があったのですか。

岡光　大学生の時、藤原新也『印度放浪』を読んで、何となくインドに興味が湧いたので、インドに初めて旅行に行ったら、そこで出会ってしまったというか。インドがとても素敵な国だな、面白いなと思ったので、自分が研究する対象としてインドを選びました。偶然が重なってということですね。

夏目　『ムトゥ　踊るマハラジャ』の話題が出ましたが、日本でインド映画ブームを巻き起こした作品ですが、お二人の評価は。

岡光　やはりもう少し、芸術的な映画、歌や踊りがない作品の方が好きです。あとは若手の三〇代、四〇代の人の作品が好きですね。商業作品でも、若い人たちの撮ったオリジナルの作品が面白いです。例えば『マダム・イン・ニューヨーク』(12)、『めぐり逢わせのお弁当』(13)、『グレート・インディアン・キッチン』(21)等でしょうか。低予算ですから、歌と踊りもなく、その代わり創り手の工夫がたくさん詰まった映画を好んで観ます。

山下　私は『ムトゥ　踊るマハラジャ』は脚本を詳しく見ていくに従って、非常に面白いとは思いましたけれども、同じ時期に並行して字幕を担当した、マニラトナム監督『ボンベイ』(95)の方がより興味深いと思いました。時事的なところと密接にリンクしていて、社会的に大きなインパクトを残したものだったので、詳しく分析的に考察して論文にまとめ、二〇二一年に、南アジア地域研究国立民族学博物館拠点(MINDAS)のウェブサイトでも公開しました。マニラ

『PS1 黄金の河』 © Madras Talkies©Lyca Productions

トナム監督とも直接の接点をもたせていただいたこともあり、『ムトゥ 踊るマハラジャ』よりも『ボンベイ』のほうが、映画界の人脈の開拓にもつながり、その後の自分のインド映画との関わりに非常に大きな影響を及ぼしました。

夏目 確かに、『ボンベイ』は今、見直すと結構いろいろ考えさせられますね。

山下 インド人民党（以下ＢＪＰ）の政権になってみると、その作品には現在の状況を予示するところもあって、興味が尽きません。

夏目 そうですね。本書でも山下先生に作品評を書いて頂いたマニラトナム監督の新作『ＰＳ１ 黄金の河』(22)ですが、本国で大ヒットしたそうですね。近年の日本はなんといってもラージャマウリ人気が強く、マニラトナム監督はあまり大々的には紹介されませんが、また盛り上がるといいですね。過去作もあるので。

山下 この『ＰＳ１ 黄金の河』と『ＰＳ２ 大いなる船出』(23)の二部作は、「ポンニイン・セルヴァン（ポンニ河の申し子）」という有名な時代小説が原作になっていて、最近の歴史大作の流れに沿ったものだと思います。画面的にも、脚本の面でもとても面白く、分析に値する監督ではあります。

夏目 日本だと、インド映画は新しい映画が中心で、古い映画はなかなか配給されないのが残念です。

山下先生はアート系、エンタメ系もどちらもいけるタイプでしょうか。

山下 はい。ただし、タミル語のちょっと古い作品などは、娯楽映画の範疇のものでも、文学性や芸術性が色濃い作品が多く、娯楽性との調和が絶妙で、いろんな楽しみ方ができるので、やや古めの作品（特に一九八〇〜九〇年代のもの）が好みかなと思います。

夏目 今回第一章の作品評の、南インド映画はお二人がメインで書いて頂きました。お二人はそれぞれご専門の地域をお持ちで、それで選んで頂いたんでしょうか。

山下 私自身は、狭くいえばタミル語圏の文化現象が専門なので、タミル語映画が一番やりやすいです。加えて、言語の近さから、マラヤーラム語ですかね。ドラヴィダ語族と言って、南インドの五州の主要言語が四つありますが、一番古いのがタミル語です。それと一〇世紀ぐらいに分かれたのがマラヤーラム語なんです。それに対してテルグ語とカンナダ語は字も似ているように、起源的に近い関係にあって、タミル語からはちょっと遠いんです。なので、自分にとってはタミル語、マラヤーラム語がやりやすく、次にカンナダ語、テルグ語の順番ですかね。

岡光 私は言語というよりも、トピックで選ばせていただきました。『ピンク』(16)は自分でも注目していた作品だったので、夏目さんにお願いして執筆させていただきました。ジェンダーに関する問題は実際にフィールドワークの中で、リアルな女性の役割だとか、男性との関係だとか、女性が抱える問題とかを身近に見ているので。あとは山下さんが強いタミル語以外をやらせていただいたという感じですね。

南インド映画の興隆

夏目　ちょうど、南インドの話題も出たのでその話題に移りますが、近年の南インド映画の盛り上がりは凄いですね。私がインド映画の本の編集に関わったのは二〇一五年に出版した『インド映画完全ガイド』（松岡環監修・編、世界文化社）が最初です。この時は、カンナダ語映画、マラヤーラム語など、それぞれの地域の現状を専門家に書いていただいたものの、多くが未公開作品でした。その後、二〇二一年に『新たなるインド映画の世界』（夏目深雪編著、PICK UP PRESS）を出版した時には、巻頭が『バーフバリ』（15・17）など南インド特集でしたが、扱った公開作品自体は北インドの方が多く八割ぐらい。

今回は第一章の作品評、南インド映画の方が全体の六割と多かったんですよ。第二章の特集の『RRR』も南インド映画だし、第三章のメインライターのお二人も南インドがご専門で。実際盛り上がっていて、それは『バーフバリ』シリーズ、『RRR』のS・S・ラージャマウリ監督の功績がやはり大きいですね。実際、南インド映画のヒットが原因でインド映画全体に注目が集まっているといった状況だと思いますが、お二人が南インドの映画をどんなふうに見ていらっしゃるのか、教えて頂けますか。

山下　最近は興行収入のランキングでも、かなり南インド映画が勢力を伸ばしているようです。特に象徴的な作品が『バーフバリ』だと思うんですけれども、ああいうタイプの歴史もの、要するに、過去の話と言っても実際の歴史に基づいていない、過去に題材をとった歴史ファンタジー大作みたいなものの代表が『バーフバリ』シリーズだと思います。北インドで制作されたヒンディー語による歴史ものと比較すると、非常に思い切りがいいというか、バイオレンスのシーンも際立っているし、合戦のシーンも迫力が違います。テルグ語映画が注目されるのも納得がいきますね。

ヒンディー語圏、北インドは、インドの歴史の中でも、主導的な役割を果たしてきた場所です。それに対して、南インドは周縁部です。例えば、歴史もの、過去を題材にした作品を作る場合、北インドは、史実を基にしたり、文献を基にして歴史を再現する映画が多い。例えば、話題になった『パドマーワト 女神の誕生』(18)。実際に、主人公のコミュニティはムスリムの軍に負けてしまうわけであって、史実として確定していて如何ともしがたい。北インド映画の場合、そういう史実として確立したものの枠内で映画作りを模索していかなくちゃいけないという不自由さがありますよね。

夏目　北インド映画の場合は史実を変えてはいけないということですか。

山下　史実を基にしている以上、例えば、どっちが勝った、どっちが負けたという史実を逆転してしまうわけにもいかないのです。たとえば、大作『Panipat』(19未)、これは第三次パーニーパットの戦いを題材にして作られた映画ですけども、ヒンドゥー側が負けてしまう。『パ

ドマーワト 女神の誕生』もそうですし、『マニカルニカ ジャーンシーの女王』(19)も、マラーター王国の王女様が率いる軍隊が最後には負けてしまう。イギリス軍に敗北したという歴史的事実などは変えることができないわけで、そういう制限の枠内でどれだけ勇猛果敢に闘ったか、どれだけ武勇を見せて闘ったか、を提示せざるを得ない。そこにいろんな形での事実関係の書き換えや潤色が、史実を大きく損なわない範囲で起こってくるわけです。

一方、それに対して、南インド映画、例えば、テルグ語の『バーフバリ』にしても、割と自由に物語が構築できる。その辺の自由度があります、過去を舞台にした歴史映画であるけれども、完全なファンタジーとして映画を作っていけるという、そういう強みが南インド映画にはあって、全インド的な、しかも海外にまでマーケットを伸ばせるような、歴史的な大ヒットを達成することできた要因なのではないかという感じがします。

夏目 そうですね。ラージャマウリはそもそも『マッキー』(12)はハエが復讐するという奇想天外な話を撮っていて、ハイファンタジーが得意なんですよね。

山下 北インド映画の場合は、負けたら負けたでその史実は覆せないので、歴史上実在するコミュニティをどうしても登場せざるを得ないわけです。例えば、『パドマーワト 女神の誕生』の場合は、ラージプートの人たちがどれだけ勇敢に戦ったかという物語なので、描かれ方に対してラージプートの人たちから抗議が巻き起こったり、イスラムの側、ムスリムの方からも、いや、史実と違う、描かれ方に問題があると、どっち側からも抗議を受けるというようなことがある。その結果、地域によっては上映の禁止や延期が生じてくる。実際に、マレーシアでは上映が禁止されました。マレーシアはイスラムが国の宗教なので、ムスリム対非ムスリムの対立をテーマにする映画にはとても神経質です。スリランカではちゃんと上映されていましたので、私はスリランカのコロンボで観ましたが。問題がインド内にとどまらず国境を越えてしまうのです。

夏目　宗教や政治に関する話を映画で扱うことに関してはモディ政権になってからやはり制約が出てきたという話を聞きました。昔は『バジュランギおじさんと、小さな迷子』(15)のように、パキスタン問題も自由に描けたんですけど、最近はそうでもないと。『PK』(14)も宗教に関して非常に責めた映画でしたが、今果たしてこの映画が撮れるかどうか。宗教がご専門の山下先生はどう見てらっしゃいますか。

山下　二〇一五年頃はまだ、大らかところがあったんですけれども、確か、二〇一九年からパキスタンではインド映画が全面的に上映禁止になって。この二〇一九年は、モディ政権が第二期に入ったところあたりだと思うんですけども、二期目に入るとますます排他的になってきているので、それを受けるような形でパキスタンに対して、態度を硬化させてっていうことがあったので。ここに来て、宗教を巡る映画はある意味、描きにくいと思うんですけれど、逆に言うと、ヒンドゥー教を称揚する、礼賛するような映画は、むしろ歴史大作を含めて、ヒット作も多くなっていると思います。

夏目　そうですね。ヒンドゥー教称揚とはまたちょっと違うかもしれませんが、イスラム教徒のヘイト映画と言ってもいいような『The Kashmir Files［カシミール事件簿］』(22未)に対して、ＢＪＰが政権を握る州では、映画の入場料に含まれる娯楽税の免除が行われ、商業的成功の原因となったということです。

山下　そうなんですね。ヒンドゥー教を称える裏側で、イスラムを悪く言う映画、イスラムヘイト的な映画が出てきて。ちょうど表裏で起こっているので。

夏目　北と南でその辺りの違いはありますか。

山下　南インドでもＢＪＰが強い州、例えば、カルナータカ州では、違法な形での異宗教間結婚を禁止する法令が最近出ています。ＢＪＰの影響力の強弱によって南インドでも必ずしも一様ではないのですが、でも南インド全体で言うと、まだ大きなヒンドゥー至上主義の流れにどっぷり浸かるところまではいってない。押し流されるっていうところまではいってないかと思います。もちろん、ヒンドゥー至上主義の流れはどうしても強くはなってきています。タミル・ナードゥ州では州政府の政権は、ＢＪＰと連携を組んでないところ、ＤＭＫ（ドラーヴィダ進歩党）という政党が持っていて、ＤＭＫはむしろ国民会議派と連携していたりしています。

夏目　岡光先生は、南インド映画全般についてはいかがでしょうか。

岡光　北インドでヒンディー語を喋るところを、ヒンドゥーベルトと言って、ヒンディー語映画の大きな市場です。そこに比べると、南インド五州は教育レベルが高いです。ケーララ州は、マラヤーラム語ですけど、ほぼ一〇〇％、初等教育、中等教育が普及している。他の四州も初等教育、中等教育の普及率が高い州です。

自然環境について述べると、北インドと比べて南インドは雨がたくさん降ります。雨が降るということは、農業ができるので食生活が豊かで、飢えて死ぬ心配が少ない。南は年間を通して温暖な気候で、食べるものが収穫できるので、なんとなく人が穏やかな印象があります。

また、南インドには文化が育つ土壌があると言えます。中流の中、中流中の下、さらにその下に属するような人でも、古典舞踊やカルナティック・ミュージックを習うことが普通なのです。そして、教育の普及率が高いので、現地語で小説や新聞を読んでいます。普通の人の会話の中に、文学的な内容を踏まえた話題が出てきます。その文化の豊かさが、南インドの映画制作者の人たちの中にも共有されていて、ラージャマウリ監督も、インドの神話コミックを幼い頃から大好きで読んでいたと仰っている。文化的な豊かさがあるからこそ、新しく、面白い発想が出る。南インドの文化的な豊かさが、世界的に受け入れられる作品を生み出す原動力になっていると思います。

夏目　ラージャマウリ監督にインタビューした時、確かにすごいインテリな感じでしたね。今回、カンナダ語映画『K.G.F』(18・22)について書いていただいたのですが、いかがでしたか。

岡光　この映画を執筆するにあたって、初めて観たんですけど、やはり、カメラワークもすごく綺麗だし、洗練されています。あと、ヤシュ、かっこいいですね。ヤシュのファンになりました。

夏目　インドだと、ロッキングスターと呼ばれ、すごく人気があるらしいですね。ハンサムで、色気もあって。昔は、日本でも松田優作とか、ヤクザっぽい男性の系譜が存在したと思うんですけど、今はポリコレ社会で、なかなかそういう俳優はいません。女性の扱いもちょっと昔風ですが、一方で首相が女性だったりして、現実を反映しているんでしょうが、バランスがいいですよね。『K.G.F』はポリコレ社会の息苦しさに疲れた身に沁みる気がしました。

南インド映画の中では一番、盛り上がっているのは、テルグ語映画ですよね。『バーフバリ』の美術からしてすごい。やはり、トリウッドの産業の問題も大きいわけですよね。

岡光 今、南インド映画は、お金のかけ方もすごいですね。『K.G.F』でも、実際に巨大セット作ったり、観光名所になっている有名なパレスを借り切って、本当にそこで撮影したりとか、スケールが違う。加えて、インドでＩＴがすごく発達していて、アメリカ映画の下請けで、ＩＴを使って特殊加工するようなスタジオも存在しています。

また、南インドの人は勤勉ですよね。昔から南インド映画に関しては、いついつまで撮影して、いつ納期して、いつ劇場にかけるかというスケジュールがきちんと守られる。こうした映画のスケジュール管理システムが確立されているので、南インド映画は完成度が高くなるのではないかと考えています。

坂川 『K.G.F』は最初から、ローカル映画という枠じゃなかったという感じがします。二部のラスト、アメリカ、ＣＩＡの話も出てくるし。一部から二部にかけて、さらに映画のスケールもアップしましたけど、その視点が主人公のロッキーVS世界との対決みたいな構図になっていて、その視点がそもそも違って、世界市場に売るために抜群に面白いギャング映画を創るという観点から制作を出発したのかなという印象を受けました。

ギャング映画として、とにかく見せ場が多いですよね。東アジアのギャング映画だと、歌とダンスのシーンで、エモーションに持っていく作品は少ないと思いますが、『K.G.F』はアク

ションに加えて、歌とダンスの両方で主人公のエモーショナルを観客に同調させる。『RRR』もそうですが、そのプラスアルファがあるのがインドのアクション映画の強みじゃないですかね。

夏目 そうですね。今、インドの『RRR』を含めたインド映画が人気あるのは全くその通りで、やっぱり、アクションと歌とダンスが三つ揃っているのは、もうてんこ盛りの世界なんですが、人気がある理由だと思います。

坂川 インドの娯楽映画の流れを継承しつつ、バージョンアップし、世界水準に持って行ったのが『K.G.F』や『RRR』なのかなと思います。

岡光 『K.G.F』なんですけども、物語性があるコンテンツ、つまりドラマになっています。主人公と母親の関係、そして、父親との関係も描いていて、単なるアクション映画、ギャング映画に収まらないところが、南インドの文芸作品の流れを汲んでいると考えられます。主人公の母親が亡くなるシーンも見せ場で、やはり、単なるギャング映画で収まらない。ドラマティックなところで涙を誘うところも、南インド的だと思いました。

主人公の悲惨な状況に観客の感情移入を誘い、観客の情動をすごく喚起させて、それでアクションに繋げるっていうのがすごく南インド的だという気はします。

夏目　南インドの文芸作品はメロドラマが多いんですか。

岡光　例えば、いわゆる「メロドラマ」と呼ばれる恋愛モノにも、単に男女の話で終わりません。それぞれの人が抱えている苦しみ、悲しみとか、そういう感情がちゃんと、その登場人物を描くときに、脚本の中に埋め込まれていて、やはり、そこは文芸作品の伝統があると思います。かっこいいだけとか、綺麗なだけとか、強いだけではない、人間としての弱さ、悲しさ、そういうものも背負った登場人物がいて、その辺りがうまく描かれているのが南インド映画だと思います。もちろん、北インド映画にもそのような作品はありますが。

山下　南インドの映画とＩＴの関係も無視できません。テルグ映画の中心地ハイデラバードはＩＴ産業が集積する街ですよね。特に南インドだと、今までだったら、かつてのバンガロール、今はベンガルールと呼びますが、Infosysがあったりなど、ＩＴの一大中心地なわけです。ハイデラバードもその後、追いつくようにＩＴ系の産業が集積している。考えてみたら、神話的な映画の場合、超自然的ないろんなシーンを創っていかなくてはいけないし、動物についても、インド映画界は動物虐待にとても神経質なので、動物が出てくるシーンはコンピューターを活用することが多いわけです。南インドにおいて神話的な映画を製作するうえで、やはり、ＩＴ産業の集積地であることのメリットが大きい気がします。『ボンベイ』などに出演した俳優のナーザルさんの案内でチェンナイのスタジオを見学させてもらった時に、イギリスからの依頼で、動物のシーンをコンピュータ上で創っているところに遭遇しました。インドは、案外、こういうところもすごく進んでいることを実感させられたわけです。

もうひとつ、インドの映画市場に関してですが、ヒンディー語の映画市場は、ヒンディー語、ビハール語、ラージャスターニー語に加え、ベンガル語やグジャラート語といったヒンディー語に近い言語が帯状に連なる地域、つまり、先程も出た広義の「ヒンディーベルト」に膨大な人々が住んでいる関係で、マーケットが巨大なんですよね。そうすると、映画作りに関して言えば、特定の地域の伝統に根ざすような映画は作りにくい。どうしても、最小公倍数的な深みのないコンテンツにならざるを得ない。要するに、ハリウッド映画と同じなんですよね。ハリウッド映画は世界のいろんな民族に受け受けられなくちゃいけないので、最大公約数的な内容になりがちだとしばしば指摘されてきました。そのハリウッド映画のいわばインド版がヒンディー語映画であって、それに対して、南インドの映画は、それぞれの言語圏がマーケットになるので、各地域の文化に根ざした映画作りの伝統が形作られてきているわけです。以前行ったインタビューでA・R・ラフマーンが言っていたのですが、彼はヒンディー語映画に音楽をつけるよりは、タミル語の映画に音楽をつけるほうがずっとやりやすいし、冒険もできるそうです。大雑把な言い方にはなりますけども、南インド映画の方がより深みのある映画作りが可能だという感じはしますね。

夏目　ヒンディーベルトの方が人口は多いんですよね。

山下　圧倒的に多いです。インドの総人口の約四割を占めます。

夏目　逆に、タミル語映画なら、タミル語話者でそれなりの人口を持っているので、タミル語話者向けの映画を作れるってことですね。

坂川　山下先生、岡光先生にお聞きしたいことがあります。『アジアのハリウッド』で、二〇〇八年の全インド映画に関して、言語別の本数を掲載しているページがあります。一位がテルグ語、二位がヒンディー語、三位がタミル語、四位がカンナダ語で、南インドの言語映画がこの時点でも多かったんですけど、元々、昔から南インドの映画は本数が多かったんですか。あと、もう一つは、二〇〇八年以降、南インドの映画本数は増えたのか。分かる範囲でいいので、教えてください。

山下　まず大雑把に言って、俗にいう「映画の制作本数」というのは、インドの場合、実際には制作本数でなくて検閲を通った本数です。南インド諸言語の映画は一貫して多いです。南インドのテルグ語、タミル語、カンナダ語、マラヤーラム語の各映画産業は、それぞれがそれなりの規模を持っているので、本数を足すと、ヒンディー語映画の何倍にもなります。二〇〇八年以降も、その傾向は同じです。ただし、最近の傾向としては、そういう大きな言語圏の映画だけでなくて、いわゆる北インドの地方語の映画も、結構、本数を伸ばしているんですよね。つまり、ヒンディー語映画ではしっくりこないような地方出身の人たちが地域言語で作られた映画が見たいということで、そうした映画の本数が最近、一貫して多くなっていますね。

岡光　あと、オーディエンス目線で言えば、最近の南インド映画が単なる地域映画に収まらず世界的にもヒットしている要因として、スター俳優の若返りと、外見の美しさを指摘できます。昔の南インド映画の人気ある俳優さんは太っていて、ハンサムというよりも、丸くて、ずんぐりしているような顔立ちで土着的な顔なんです。北インドの目鼻立ちがすっきりした俳優と比べると、いかにも野暮ったい感じでした。

今は『K.G.F』のヤシュや『RRR』のラーム・チャランは、ヒンディー語映画でもやっていけそうな、美しい顔立ちと引き締まった身体が伴っています。こうしたハンサムな若い俳優が体を張って、アクションを披露していることも、魅力的な映画の条件ではないでしょうか。

坂川　スターが若返っただけでなく、制作陣たちも若返っているんですかね。現在、活躍されている監督たちも、まだ若いですよね。

岡光　そうですね。

坂川　映画が大ヒットすれば、お金持ちになれるので、有望で才能のある若者たちが南インドの映画業界に集まっていて、全体的に、南インドの映画業界自体が若返っているのですか。

夏目　お客さんも沢山入って、大規模な映画の資金もきちんと回収できてみたいな、いいサイクルになっているんでしょうか。

岡光　たぶん、そうだと思います。マニラトラムのような古いタイプの監督の場合、失敗できないので、新しいことに挑戦できない。若い監督の場合、頑張らないと成功しないし、成功していないから失敗も恐れずに新しいことに挑戦できる。今、南インドで若い監督が出てきたことによって、その新しい才能を使っていこうというように、業界全体が動いているのではないでしょうか。

山下　やはり、世代が変わったという印象はあります。しかも、フィルムインスティテュート出身の映画人ばかりじゃなくて、製作現場から育ってきた人たちもいるなど、多様な人材に溢れていて、製作者の側が充実してきていると思います。それに、南インド映画市場がいいサイクルになっているということでしたが、テルグ語映画界は特にそう言えると思います。最近確認してみたところ、テルグ語圏はいまだに映画館の数もすごく多いんですよね。お隣のタミル・ナードゥ州の場合と比較して、人口比以上に映画館の数が多い。それだけ、テルグ語圏では田舎の方でもいまだに映画が見られている。映画館の数が多いということは、いろんな種類の映画が上映される可能性も高くなることになります。

坂川　なるほど、テルグ語映画の製作本数を支えているのは映画館数の多さなんですね。

山下　テルグ語圏は、映画館数で他州・他言語圏を圧倒しています。以前著名な脚本家と話をしたことがあるのですが、映画館の数が多いと、どういう映画であっても、例えば低予算の作品でも、上映してもらう可能性が見込めるので、すごく製作が活気付くと言うんですよね。そして、映画館で上映してもらうためには検閲をきちんと通さなくちゃいけないので、テルグ語映画の場合、正式にカウントされる映画の本数が多くなるっていう現象があるそうです。また、映画館の数が多く、低予算映画にも道が開かれ、しかも、そうした低予算映画がヒットすれば興行的にも非常にプラスなので、相乗効果を生んでいい形になっていると思います。

坂川　低予算でもヒットすれば、その後、予算の大きい映画のスタッフとしてピックアップされる可能性が高くなるわけで、若い映画人たちにとっては、やりがいがある職場環境なんでしょうね。

山下　そうですね。テルグ語映画は、昔から映画人の層がすごく厚くて、主役を張れる俳優の数がタミル語映画と比べたら倍以上いる。あと、テルグ映画のギャラはすごく高いんですよね。だから、テルグ語圏の周辺、つまりタミル語圏、マラヤーラム語圏、カンナダ語圏からもたくさん優れた人材が集まってくる。そういう意味でも、テルグ語市場はいいサイクルができていると言えると思います。

坂川　なぜ、テルグ語圏の人たちは、そこまで映画が好きなんですか。

山下　映画好きは田舎の方が多いわけですよね。他に娯楽もないので、どうしても映画が主要な娯楽になっていて、そして、町や村ごとに映画館があるので、いきおい映画館の総数が多くなる。それもあって、高い教育を受けたミドルクラスかアッパーミドル出身の人たちが多いヒンディー語映画界に比べると、テルグ語映画界では村落部出身の人材が幅を利かせています。テルグ語映画界はより多様な人材を抱えていて、様々な価値観を反映した映画作りができる環境にあると思います。あと、アクションとかバイオレンスが昔からテルグ語映画の十八番みたいなところもあって、そうした伝統も最近のテルグ語映画の魅力に貢献しているのかなと。

『RRR』をめぐって

夏目　次はそのテルグ語映画の大ヒット作、『RRR』に話題を移しましょう。コロナ禍の日本の映画興行界、洋画ではほとんど一人勝ちだったのではと思います。私も論考や鼎談のために見直したんですが、公開が二〇二二年の一〇月なんですが、一年半経つのにまだ劇場でかかっているというのは本当に驚くべき快挙です。山下先生はどんな風にご覧になりましたか。

山下　『RRR』からの連想で言うと、『ラガーン』(01)を思い出しました。両方に共通するのは、まず大作(長尺)であること。次に、イギリス支配に対する抵抗を描いている点です。『ラガーン』はクリケットで対決し、『RRR』にはダンス合戦がある。そういう意味でも割と穏健路線的な印象を受けました。

夏目　『RRR』は日本ですごくヒットしたんですけど、『ラガーン』は大ヒットというほどではなかったですよね。

坂川　野球と違って、日本では、クリケットはメジャーなスポーツではないので、ルールがまずわからないですよね。

夏目　『ラガーン』公開時は、インド映画は、まだそんなに日本に定着してなかったというのもあるのかな。やはり、『バーフバリ』シリーズをきっかけに、日本でも、ある程度、インド映画を受け入れる素地ができてきた。

岡光　そうですね。『ラガーン』はダンスシーンも、どちらかと言うと、リアルな感じの設定ですが、『RRR』のダンスシーンは、非常に煌びやかで、お金が掛かっています。『ラガーン』は、その年のアカデミー賞外国語映画部門にインド代表にも選出されててノミネートもされてる良質な作品だし、歌とか踊りがあるためにマサラ映画と思われるかもしれないけれど、マサラ映画の派手さはなかったです。「ぶっ飛んで楽しむ」、今風のインド映画の鑑賞スタイルとは馴染まない作品ではないでしょうか。

夏目　確かに『ラガーン』は真面目な映画でした。ヒンディー語映画でしたよね。さきほどの山下先生の話ではないですが、北インドは史実を真面目に扱わないといけない、南はその辺り自由さがある、という図式に当てはまりますでしょうか。

山下　そうですね。あと、『ラガーン』は上映時間が長すぎですね。3時間44分もあります。

夏目　その図式に当てはめると、『RRR』はインドの独立闘争を扱っているのに、『マニカルニカ ジャーンシーの女王』と比べるとそこまで真面目ではなく、荒唐無稽なアクションや史実に対するフィクション、そして、メロドラマの要素がありますね。『RRR』の主人公二人は、必ず子どもを助けるために奮闘するんですよ。ビームはさらわれたゴーンド族の少女を助けるために立ち上がる。ビームとラーマの出会うのも、橋の下で火事に巻き込まれた少年を助けたのがきっかけでした。さきほどの岡光先生のお話ではないですが、メロドラマ的設定がものすごく徹底していて、そこに観客はやられてしまう。

岡光先生は、『RRR』はどんな風にご覧になりましたか。

岡光　『RRR』は映像が美しいですね。かつて、南インドの映画は、予算を撮影機材にまで投入できず、古いカメラを使うことも多かったので、映像の美しさが北インドの映画に比べたら劣っていました。しかし、今、映像の美しさだけでも、ハリウッドとかと変わらないぐらい綺麗だし、映画としても質も高くなっている。さらに、アクションも素晴らしいです。

坂川　私も『RRR』は上映時間が長いのに体感があっという間だったので、まず、娯楽映画として、そして、アクション映画としても、すごいなと思いました。『ＲＲＲ』はダンスシーンの一部を切り抜いても、すごくインパクトがあり、TikTok以降の娯楽映画という感じがします。もう一つ画期的だったのは、植民地闘争をネタにしたアクション映画で、『ＲＲＲ』ほど、面白い娯楽映画は過去があったかなと思うくらい、新鮮でした。ポップで明るい植民闘争映画であることは、いい面と悪い面があるとは思うのですが。多くの植民地闘争に関する映画が史実に引きずられるなか、あそこまでファンタジー要素を混ぜて、娯楽映画に仕上げたのものはないのではないか。

夏目　憎々しいイギリス人がマンガ的、戯画的じゃないですか。中国の抗日映画で、日本人が鬼みたいなのはよく見たんですけど、二〇二三年になって、こういう戯画的で憎々しいイギリス人が出てくるのはどうかなと思ったのですが、坂川さんはそこには引っかからなかったんですか。

坂川　基本、ベトナムの戦争時代の映画、プロパガンダ映画などを見ていると、敵と味方の二項対立図式で、しかも、敵に圧倒的な戯画的には描かれるわけです。

夏目　でも、『ＲＲＲ』はプロパガンダ映画じゃないわけですよね。

坂川　近年、かつての敵国の人々を戯画的に描かなくなってきたのは、その映画を、敵として描かれる国の人々たちも見る可能性が高くなったわけです。敵として描かれる国の人々たちからツッコまれる可能性を考慮せざるを得ない。しかし、『ＲＲＲ』の場合、戯画的なイギリス人が出しても、描きたい何かがあったので、そういう作りにしたんじゃないですかね。

夏目、鼎談（本書Ｐ１０７～）で宇多川幸洋氏も仰っていたのですが、逆にあそこまでマンガ的だと、そんな文句も出ないみたいなところもあるかもしれないですね。国民映画としての『RRR』は、坂川さんはどういうふうに考えますか。

坂川　笠井亮平氏の『『RRR』で知るインド近現代史』（文春新書）を読んで面白かったのは、『RRR』のエンディングロールに、ガンジーが出ない点に関する考察でした。国民映画だと、どうしても「独立の父」や「建国の父」、つまり、国父に関する映画が多くなります。笠井さんの本だと、ガンジーは有名すぎるので、エンディングロールに入れなかった説が紹介されていて、興味深かったです。笠井氏の本を読んで考えたのは、国父で娯楽映画を撮るのは難しいってことです。例えば、中国で、毛沢東に関して、アクション映画、特に、コメディ映画を撮るのは難しいわけですよね。何か下手打つと、観客に攻められ、炎上する可能性もあるわけですから。あと、今、モディ政権下で、ガンジーを映画で取り上げる難しさもあるのかなとも思います。モディ政権以降、インドはナショナリズムを称揚する方向に進んでいると思うのですが、山下先生、岡光先生に『RRR』だけが特別なのか、お聞きしたいです。

山下　ガンジーは、インドの近現代の政治家の中でも、非常に論争の的になる人物であることは確かですよね。ガンジーは政治的な立ち位置としては国民会議派です。しかし、彼は最終的には暗殺されてしまう。その暗殺した本人は今のＢＪＰの前身に当たる組織出身なので、今のモディ政権の本音からしてみれば、ガンジーは好ましからざる歴史的人物だと思うんですよね。つまり、パキスタン、あるいはイスラム側に譲歩を重ねて、インドとパキスタンの分離独立を導いてしまったという意味で、ＢＪＰとしては許しがたい人物だということです。ＢＪＰ

の権力、あるいはその忖度が働いていれば、ガンジーが『RRR』の最後のエンディングクレジットから抜けたっていうのは、わからないではないです。

坂川　逆に、ガンジーを暗殺した人物の映画はインドで、撮られているのですか。

山下　直接の暗殺犯に関する映画ではないのですが、『Hey Ram』という話題作が二〇〇〇年に公開されています。主人公はガンジーを暗殺しようと動いていたんですけれども、ガンジーと直に接することで彼の真価に気づきます。しかし時すでに遅く、トラム・ゴドセに暗殺を許してしまったという設定だったかと。印パ分離独立をうけての主人公によるガンジー批判、暗殺への準備、周囲の人間関係、ガンジー死後の心の動きなどを描いたもので、最終的にはガンジー肯定のトーンで締めくくられた作品です。

夏目　ガンジー自体はもう何度もインドで映画化されているんですよね。

山下　はい。『RRR』は、広い意味で言うところの自己検閲みたいなものが働いて、あえてガンジーに言及しなかった。モディ政権に対する忖度が働いていることは確かだという気もします。

夏目　ずっとガンジーが神格化されてきたことに対する反発と、モディ政権の誕生がリンクしているところもあるんですか。

山下　要するに、インドの中央政府は、ほぼ一貫してインド国民会議派が握ってきたんです。ガンジーに対する批判は底流にはあったのですが、インド国民会議はガンジーに対して非常に肯定的なのが建前なので、対外的には伏せられてきた。それが今になって、民族主義的な政党が力を増してくると、うごめいていたガンジー批判が表面化してきているということかなと。

要は、インド人の考え方自体が変わったんじゃなくって、表面化できる状況に変わってきているということだと思います。僕が留学した一九八〇年代、ガンジー研究はすごく盛んだったんですけれども、一方、ガンジー批判もまた同じぐらい盛んだったんです。ところが、当時は国民会議派が強かったので、ガンジー批判のほうはあまり表沙汰にならなかった。

夏目　ガンジー批判とは、非暴力をやったって、しょうがないだろうってことですか。

山下　非暴力云々というより、やはり独立までの過程で、イスラム側に譲歩を重ね、インドとの統合を嫌ったイスラム側の意向に沿う「分離独立」という不本意な結果に至らせてしまった。それはイギリスの分割統治の帰結でもあったわけです。ということで、ガンジーについて両面感情に近いものをもつインド人も多いのです。

夏目　エンドロールの話に戻ると、『サイラー・ナラシムハー・レッディ　偉大なる反逆者』(19)でも、エンドロールに革命家たちがダーッと出てきますよね。『RRR』よりもっとたくさんの。『RRR』より『サイラー』の方がむしろ正統派な国民映画ではないかと私は思っているんですが、ガンジーのように知られていないというのも勿論そうですが、もっと部族だったり地方の革命家を紹介しようという気運がインドで高まっていて、それは映画の意図でもあるし、勿論モディ政権の方針でもあったりするということもあるようです。

国民映画とモディ政権下のインド映画

坂川　「国民映画」とは、国民国家が独立した後、繰り返しそのアイデンティティーを確認するために製作するフィルムのことです。この国民映画がもつ国民統合性にはさまざまなレベルがありますが、最も大きなものが、国民国家の起源を根拠づけ、その歴史を栄光あるものとして神話化するということ。その際に、ファンタジーやフィクションが入る余地が出てくるわけです。基本、植民地闘争は、負け戦のほうが多いわけです。なぜなら、敗北の積み重ねの結果、列強に植民地化さわるわけですから。そもそも、インドにしても、イギリスに勝っていれば、植民地化を免れていた。国民映画として、負け戦を負け戦のまま描くことはなされなくて、その負け戦、その敗北を、将来の独立に繋がる一歩、栄光あるものとして神話化するのが、国民映画の基本パターンだと思います。

山下　なるほど、面白いですね。

坂川　国民映画は検閲制度とセットで、政府による国民への暴力、虐殺など屈辱的な過去を掘り起こした映画は、検閲で内容を変えられたり、上映禁止になったりするわけです。政府によって、不都合な過去は検閲により忘却され、国民映画によって、屈辱的な過去さえも、栄光あるものとして神話化される。つまり、国民映画と検閲制度は、政府によって、過去の歴史を輝かしいものへ転換していく役割を担っていると思います。

山下　そういう意味で、モディ政権が成立してから製作された歴史大作は、まさしく坂川さんが言ったように、負け戦を神話化して、負けた中にも武勇を強調するような傾向をもつことも説明できますよね。

さきほど『サイラー　ナラシムハー・レッディ　偉大なる反逆者』の話が出ましたが、ナラシ

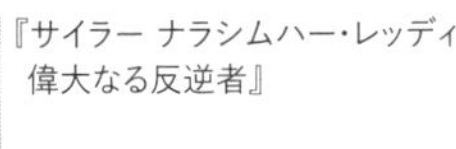
『サイラー ナラシムハー・レッディ 偉大なる反逆者』

ムハー・レッディによるイギリスに対する反乱というのは本当に地方で起こったことであって、全国レベルの歴史の中では、ほぼ無視されてきたわけです。ところが、あの映画自体は枠構造になっていて、映画の冒頭でナラシムハー・レッディの武勇を説きはじめるのは、これからイギリス軍と戦おうとしているラクシュミー・バーイーという設定になっています。自軍に向かって、昔テルグの国でこういう反イギリス闘争の開始を告げる出来事があったんだよというふうに語って、自分の兵隊を鼓舞するんです。そして、そこから具体的なナラシムハー・レッディの話に入っていきます。それがこの映画の内容になるんですけれども、その物語が終わると、またラクシュミー・バーイーが登場し、全体を締めくくるという。つまり、ナラシムハー・レッディによるイギリスに対する反乱は、地方の一地方の反乱だったとしても、それをインドの反イギリス闘争っていう全体の文脈、要するに、BJPが喜びそうな、自分たちは対外勢力と戦うんだというナショナリズムの文脈の中に位置づけている。そんなふうに再解釈することによって、ナラシムハー・レッディの闘争も、インドの反英闘争全体の中で記念碑的なものだったと讃えている。そのあたりが、BJP政権下での映画として特徴的だなと思いますね。『マニカルニカ』の主人公がナラシムハー・レッディについて物語ることで、『マニカルニカ ジャーンシーの女王』と有機的に結びつける形になるわけですよね。理想化された女性闘士であるラクシュミー・バーイーと全国的には無名なテルグの英雄を重ね合わせ、二人をインドの反英闘争の文脈で同じ方向から解釈する。

『Panipat』

夏目　モディ政権下のヒンドゥー至上主義が映画業界に与えた影響をどういったものがありますか。今まで出た話を総括すると、宗教については描きにくくなって、またイスラム教徒ヘイトみたいな映画が出てきて、逆にヒンドゥー教徒を称揚するための文脈で作られる歴史大作も多くなったというところでしょうか。

山下　称揚に加えて、歴史の詳細が書き換えられ、ヒンドゥー教徒に都合のいいような物語に仕立てられているところに注目すべきです。例えば先程言及した『Panipat』ですね。第三次パーニーパットの戦い、一八世紀の史実を題材にした歴史大作です。ヒンドゥーの勢力とアフガン勢力との間の対立が舞台になっていて、最終的にはアフガン勢力が勝ちます。アフガンの王様をサンジャイ・ダットが演じているわけですけれども、その王様が実際の年齢をかなり上回った七〇歳ぐらいの老人として描かれていて、イメージがダウンさせられている。兵隊の数なども実質に比べて大きな書き換えがなされているということなんです。ヒンドゥー教のマラーター軍は敗れたんですけれども、しかし、敗れたとはいえ、これだけの武勇を残して散っていったんだという、栄光ある神話化がなされています。

坂川　『アジアのハリウッド』を書かれた頃は、そこまでインド映画はヒンドゥー教徒寄りじゃなかったんですか。

山下　要するに、こういう種類の歴史大作は『アジアのハリウッド』が出版されてから後の話ですよね。それ以前は、目立った作品は特になかったと思います。ヒンドゥー勢力とイスラム勢力が戦うというセッティングで歴史大作が作られるようになったのは、ここ最近の傾向じゃないですかね。

夏目 面白いですね。韓国で、日本の植民地政策とか、日本が植民地政権下で何をやったかみたいな映画が撮られ始めたのは、ここ一〇年ぐらいなんですよ。近年になって、『暗殺』(15)や『マルモイ ことばあつめ』(19)といった映画が出始めた。だから、国として自信を持って、自分たちの過去を自分たちで語り直したい欲望の表れなのかもしれないですよね。

坂川 自分たちの過去を自分たちで語り直したい欲望を持つのはどこの国もそうじゃないですかね。やはり、豊かになって自信を持ってくると、過去についての歴史大作映画を撮りたくなるというか、そういう歴史大作映画を観たくなる観客の欲望も高まると思うので。

夏目 四月の初めにお二人でインドに行かれてましたが、何か政権についてニュースはありますか。

山下 最近はやや沈静化していますね。新聞やメディアの報道内容も注視しましたが、目ぼしい情報はありませんでした。総選挙前なので、なりを潜めているのかもしれないです。

岡光 モディ政権が二期目になり、おそらく三期目も行くだろうということで、だんだんと、ヒンドゥー教以外の少数宗教、ムスリムやクリスチャンに対しては、いろんな圧力が掛かってきています。許容されてきたことが許されなくなってきたという愚痴を耳にします。友人たちと話していると、「モディがインドをヒンドゥー化しようとしている」という不安をもっているようです。特に、少数宗教に所属している人たちは危機感を覚えています。新聞でも、イスラムに対する圧力が強くなったことに反発して、デモが起こっているという記事が出ていま

『我が理想の国』

す。

夏目　デモと言えば、昨年（二〇二三年）の山形ドキュメンタリー映画祭で観たインド映画二作が両方ともデモに関する映画でした。インド映画は三本上映されたんですが、うち賞を獲った二本――ロバート＆フランシス・フラハティ賞（大賞）を獲った『何も知らない夜』（21）と市民賞を獲った『我が理想の国』（23）――が、デモがテーマの映画だというのがとても興味深かったです。そもそも、メインストリームのエンタテインメント作品でデモってほぼ出てこないですからね。しかも二作品とも女性監督で、新しい流れを感じました。

二〇一九年一二月一二日に、国会で不法移民に市民権を与える市民権改正法（ＣＡＡ）が成立しましたが、適用が非イスラム教徒に限定されることが反イスラム的だと、反発のデモが起きました。『我が理想の国』はまさにこのデモから始まります。監督のノウシーン・ハーンはイスラム教徒です。三日後の一二月一五日にジャミア・ミリア・イスラミア大学に設置された防犯カメラの映像で撮影された、治安当局が大学に突入する様子と、逃げ惑う学生の動画が、『何も知らない夜』でも『我が理想の国』でも出てきます。『何も知らない夜』は、映画学校に通っていた女子学生Ｌが主人公で、彼女は低カーストのヒンドゥー教徒です。

ノウシーン・ハーン監督だけですが来日していたので、お話を聞くことができました。二〇一九年から香港で中国当局に反発して、民主化デモが盛んになり、それらを撮影したドキュメンタリーが撮られました。これも山形で大賞を獲りましたが『理大囲城』（20）、また『時代革命』（21）などですね。非常にそういった映画を想起させるような迫力と痛切さに満ちていて、監督によると、やはりそれらの映画を参考にしているそうです。私は身の危険を感じたことはないのか聞いてみたんですが、感じるが、名前と顔を出すことが重要だと思っているのでそうしているとのこと。あと、実際に自分の友人がデモの際に亡くなってしまったというようなことがあるので、気持ちを消化するために製作に時間がかかったとのことです。

これから多くの方に観る機会があると思うので、楽しみです。

山下　インドの近況を踏まえた時、ヒンドゥー教を称える意図が潜む映画がそのまま無批判に日本に入って来た時に、インドの近現代史が誤った形で理解されないかという一抹の不安もありますね。不適切なイスラモフォビア（イスラム恐怖症）的感情が作品内に紛れ込んでいる場合もあるだろうし。歪んだ宗教観が輸入されてくるのも困りものだなという気はしています。

〔二〇二四年三月二四日収録〕

主要参考文献

松岡環「沸騰する世界最大の映画大国　インド映画縦横無尽⑲」https://news.jaiho.jp/column/2326/

藤井美佳「それでも絶望はしない――『何も知らない夜』『我が理想の国』」、山形国際ドキュメンタリー映画祭公式ガイド「スプートニク」No.3

論考●

インド映画におけるムスリム表象の変化
――「無害の隣人」から「宿命の仇敵」へ――

山下博司

「宗教」の国インド

宗教は究極において心のありかたの問題、つまり極めてプライベートなものであることは言うまでもない。しかし宗教は、個人の内面に密やかに息づく一方、信仰を共有する者たちの集団の形成にあずかり、宗派や地域の別に応じて細分化もなされて、その社会のありようを広く規定している。ここで考察の対象とする「インド世界」では、宗教・宗派の別は、おおむね内婚集団の別を含意するなど、社会集団の単位としても機能している。宗教は、さまざまなレベルで個人的および集団的帰属の基盤をなしているのである。宗教やそれに帰依する人々――とくにムスリム――が、映画というインドの大衆的メディアの中で、どのように表象され、どのような役割・機能を帯びて登場しているのか。それが本稿の焦点を構成する。

われわれがここで考察の対象とするのは、ヒンディー語映画を中心とするインドの商業映画（娯楽映画、メインストリーム映画）である。インドは「宗教の国」と称されるだけあって、街中を歩くと宗教的なシンボルに溢れ、この国で宗教がもつ存在感を実感させられる。このようなインドにあって、映画も草創期から宗教と切り離しがたく結びついてきた。ヒンドゥー神話や二大叙事詩をもとにしたジャンルや、篤い信仰を扱うジャンルが成立するほど、「宗教」はインドの娯楽映画にとって当初から日常的な存在だったのである。

インドでは、（初期のスタント映画などを除き）宗教と関係する言語表現や映像表現をいっさい欠く映画自体、成立し得ないと言ってよい。第一に、登場人物の名前が、まず例外なく、各人の宗教的帰属を指し示す。この国には、宗教間で共有される個人名が皆無ではないが、宗教中立的な名前は原則として存在しない。映画の中で個人名が言及されれば、たいていの場合その人の宗教的帰属もまた明示されるのである（ただし、デリップ・クマール、マドゥバーラー、ミーナー・クマーリーなどのように、ムスリム系の出自でも例外的にヒンドゥー名を名乗る事例が稀に見られる）。このように、そもそもインドでは、「宗教」をまったく意識することなく映画に浸ること自体、至難の技なのである。命名において宗教性がほぼ完全に払拭されている日本や東アジアと比べてみればよい。たとえば日本映画では、登場人物や俳優の呼称からその宗教的帰属を言い当てることは、ほとんど不可能である。

デフォルトとしてのヒンドゥー社会

インドにおいて、宗教的な要素を払拭した「純粋な世俗社会」が考えられない以上、インドの娯楽映画は、生きた宗教に彩られた現実社会を舞台として設定されることになる。宗教は、コンテンツにおける重要度や役割の軽重にかかわらず、インド映画にとって不可避的に抱え込まざるを得ない構成要素なのである。

インドが、単一の宗教から成る国ではなく、宗教多元的な実態を有する場所である以上、映画の登場人物たちが、互いに異なる複数の宗教的帰属に色分けされることになったとしても不思議ではない。ただし、現実の人口比率を見れば、ヒンドゥー教徒が圧倒的多数（全人口の八割）を占め、それ以外の宗教を奉じる者は、合計しても全体の二割程度に過ぎないことも紛れもない現実である。さまざまな意味で、インド映画の世界はヒンドゥー教が支配的なものとならざるを得ない。

こうして、映画製作に当たって、絶対的多数派としてのヒンドゥー教徒がつくる社会が事実上のデフォルトとして設定されることになる。一般社会を描くインド映画においては、ヒンドゥー教が支配的な社会、つまりヒンドゥー社会であることが暗黙の了解事項になっている。もちろん、このことは主人公として非ヒンドゥー教徒が設定されることを妨げるものではない。主人公を含む登場人物に非ヒンドゥー教徒が混じることは、ごく自然なことである。ただし、（『Humayun』〔45未〕のようなイスラーム王朝関連の歴史物や、『Umrao Jaan』〔81、06未〕のような高級娼婦を扱ったものなどのジャンルを除いて）非ヒンドゥー社会そのものを中心的に扱った娯楽作品となると、その数はきわめて限定される。宗教的少数派に的を絞った映画には、広範なマーケットが成立しないからである。

娯楽映画の中でありふれた要素であればあるだけ、宗教は、ヒンドゥー教にせよ非ヒンドゥー教にせよ、扱われかたによっては物議を醸し兼ねない、デリケートでセンシティブな対象であることも間違いない。ゆえに宗教は、たいていの場合当たり障りなく提示されるにとどまり、対立状況や相互不信・不仲が作中に描き込まれることはめったにない。不必要な緊張を回避すべく、現実の宗教間関係や宗教コミュニティ内部のディテールに踏み込むことなく、注意深く「見かけの無関心」が装われているのである。インド娯楽映画の前提となる「デフォルトとしてのヒンドゥー社会」は、こうした意味で、宗教をめぐる既存の社会問題を持ち込まないための現実的かつ賢明な舞台装置と言うこともできる。

ヒンドゥー社会がデフォルトとして初期設定されるにせよ、そこで描かれるのは、現実から多くを捨象した建前上の社会であることは注意すべきである。主人公はほとんどの場合中間層（中流家庭）に属し、不可触民をはじめとする被抑圧民がナラティヴの中心を形作ることはめったにない。インドにおける「映画」は、良くも悪くもエスケーピスト・メディア（逃避のためのメディア）であって、基本的には、観る者が現実の諸事象からしばし逃れるための場を提供するものなのである。

インド映画産業とイスラーム

現代インドにおけるムスリム人口は、一億七二〇〇万人、全体の一四・二％となっている。一九四七年の印パ分離独立以前は、ムスリムが全人口の四分の一ほどを占めていたが、分離時に一千万人以上がパキスタン側に移動している。分離独立以前の北インドに遡れば、都市人口の過半数がムスリムだったとも言われる（現在でもムンバイ市のムスリム人口は二〇％以上となっており、全インドの平均よりだいぶ高い）。しかし奇妙なことに、インド映画産業の黎明期（一九世紀末〜二〇世紀初）にムスリムの姿は目立っていない。当時のボンベイ（現ムンバイ）のムスリムの商工業者たちは、中小規模の経営者が多く、映画という新規産業をリスキーなものと見なしていたのであろう。プロデューサー、監督、脚本家、作詞家、俳優（とくに女優）などを含むムスリム系人材の進出が顕著になるのは、映画産業が確立してトーキーの時代を迎えてから、すなわち一九三〇年代以降のことである。イスラームからインド映画が受容した要素は、人材だけにとどまらない。ラクナウー等のイスラーム宮廷で発達・洗練されたものも含む、意匠、音楽、歌謡、舞踊、衣装など、実際のヒンドゥー対ムスリムの人口比にそぐわないほど、イスラーム系の文化要素（あるいはウルドゥー的文化伝統）の浸潤は甚だしかった。挿入歌の歌詞と歌唱におけるガザルやカッワーリーの影響も、トーキーの最初期にまで遡り得るものである。インド娯楽映画における愛し合う男女の心象風景の中に、ヒンドゥー教の帰依信仰（バクティ）の伝統と並んで、神と人の関係をめぐるスーフィズムからの影響も見てとることができる。グル・ダットの『渇き（Pyaasa）』（57）の中で、主人公が唄う感傷的で諦観的な歌詞にこめられたイスラーム神秘主義からの影響については、とみに指摘されるところである。

「善良なるムスリム」イメージの形成

ヒンドゥー社会をデフォルトとするインド娯楽映画（とくにヒンディー語によるそれ）のフレームワークでは、当然のことながら、ムスリムは「他者」として待遇されることになる。ここにおける「他者」とは、インドにとっての他者、つまり非インド的なものという意味ではない。あくまでヒンドゥー教徒が支配的な社会におけるそうでないもの（＝非ヒンドゥー教徒）という意味合いからである。インドのイスラームは、たしかに起源上は外国に出自を遡るものであっても、インド的風土の中で長期にわたって独自の発展を遂げ、かつヒンドゥー教徒と共存関係を維持してきており、インド映画の中でその外来性・異国性が過度に強調されることはなかった。ヒンドゥー教徒のいわば「隣人」として、インド社会における自然な風景の一部として、銀幕上に息づいてきたのである。

インド映画不朽の名作『炎』(75)に印象的なムスリムが登場する。盲目のイマーム・サーヒブである。悪漢にかけがえのない息子を殺された哀しみを心の内部に抑えこみ、死の事実を受け入れて神への祈りを選ぶ。村人は彼を憐れみ寄り添おうとする。この人物のキャラクターに典型的に見られるように、概してヒンディー語映画では、ムスリムは、無害かつ善良で心の優しい存在として、一種のステレオタイプ的イメージをもって描かれてきた。ムスリムへの偏見は散見されても、社会における潜在的脅威として認識されることはなかった。映画の中では、ヒンドゥーもムスリムも、基本的に「バーイー・バーイー」(兄弟同士)の関係として描かれた。ムスリムが好意的に扱われていたというより、好ましくない言い方を借りれば、いわば当事者ではない「第三者」であった。彼らの存在は、要するに「他人事」だったのである。

このような傾向は七〇年代まで続いた。この時点では「愛国的なヒンドゥー」vs.「邪悪なムスリム」という二項対立の図式はいまだ成立を見ていない。むしろ、ヤシュ・チョープラー監督のヒンディー語映画『Dharmputra』(61未)のように、両者の和解を訴えるメッセージ性をもった作品なども作られたのである。英領期のインドで、ムスリムとして生まれながらヒンドゥー教徒の隣家の養子となった青年を主人公とする作品で、苦楽をともに生きるヒンドゥーとムスリムの二家族の関係を軸に、両宗教コミュニティの宥和を願うものだった。三人の兄弟がそれぞれヒンドゥー、ムスリム、クリスチャンの家庭の養子となる『アマル・アクバル・アントニー』(77)も、宗教多元的なインドを肯定的に捉える映画だった。

分水嶺としての七〇年代からインド人民党の政権奪取へ

潮目が変わるのは七〇年代以降である。ここに来て、「善良でイノセントな存在」というムスリムのステレオタイプが崩壊する兆しを示してくる。その一例が、ヒンディー語映画『Garm Hava』(73未)である。印パの分離に際し、インドに残ることを選んだムスリム一家の生存をかけた闘いを描くこの作品は、紋切り型の表象から脱し、ムスリムの暮らしのありさまを活写した初めての映画と評価されている。下層のムスリムが映画に登場するようになるのも、七〇年代に入ってからのことである。

ムスリム表象の変質は以上にとどまらない。ムスリムの好意的メージが弱まり、むしろ邪悪な存在とすら見なすネガティヴな描写が頭をもたげてくるようになる。折しも一九七一年にインドとパキスタンの軍事衝突(第三次印パ戦争)が勃発し、一九七四年にはインドが核実験を敢行して核保有国になり、印パの緊張が一気に高まった。

ムスリム・イメージの悪化を決定づけたのが一九九二年のウッタルプラデーシュ州アヨーディヤーにおけるヒンドゥー教徒によるモスク(バーブリー・マスジッド)破壊事件である。この出来事のあと、瞬く間にヒンドゥーとムスリムの衝突がインドじゅうに広がり、国土を席巻した。こうした展開の背後に働いていたのは、ヒンドゥー・ナショナリズム(ヒンドゥー至上主義・原理主義)の興起と高揚という時代潮流である。二〇〇一年には、イスラーム過激派の武装集団が議会を襲撃し、警官ら九人が死亡するテロ事件も起こった。この事件について、当局がパキスタン系テロ集団による犯行との見方を示し、印パ関係はより一層険悪なものになった。こうした一連の動きを通じて、インドとパキスタンの二国間関係にとどまらず、インド国内のヒンドゥー教徒とイスラーム教徒の間の相互不信もいよいよ根深いものとなった。こうした時代の思潮を追い風に、ヒンドゥー・ナショナリズムを標榜するインド人民党（BJP）が党勢を急伸させ、ついに一九九六年、短期間ではあったがはじめて政権の奪取に成功した。その後一九九八年から二〇〇四年まで、再度政権を樹立してヴァージペーイーが内閣を組織した。やがていったんは国民会議派主導の連立政権に権力を譲ったものの、二〇一四年、ナレンドラ・モディを首班とする人民党政権の返り咲きを見るのである。その後二度の国政選挙に勝利して長期に政権を維持していることは言うまでもない。

翼賛的な歴史大作の登場

　モディ政権になってからの現象として特筆されるのは、時流に棹さし、ヒンドゥー教ないしヒンドゥー教徒を讃美して、政権に媚びを売るようにすら見える大作映画の出現である。そこに見え隠れするのは、映画的脚色と表裏をなす、歴史のディテールにそぐわない部分的な粉飾と事実関係の書き換えである。たとえば、映像美で定評のあるサンジャイ・リーラー・バンサーリー監督の『バジラーオとマスターニー』(15)では、一八世紀を舞台に、マラーター王国の若き将軍バジラーオとペルシャ系の母をもつマスターニーの、宗教の別を超えたラブストーリーが展開されるのだが、二人に関してあまりに謎が多く、詳しい事実関係を同定できないため、監督がかなり恣意的に史実を加工・改変して物語を編んだという。それが原因で、時代考証的に不適切なシーンも少なからず指摘されている。ただしこの作品は、宗教間の軋轢を生じさせるところまではいっていない。

　しかし同監督の歴史大作『パドマーワト 女神の

誕生』（18）は事情を異にし、騒動にまで発展している。対立するアフガンの首領（ムスリム）を敢えて卑劣な人物として提示して批判を浴びた一方、ヒロイン・パドマーワティーが帰属するラージプートの側からも描写が史実に反するとして抗議の声が上がった。インド国内では、治安の維持を理由に州によって上映が延期になったり差し止めになったりした。国外にも混乱が波及し、筆者が滞在中だったスリランカでは問題なく鑑賞できたものの、イスラームを国教とするマレーシアではムスリム側の描写が不適切だとして公開が禁止されている。

同じ年に公開された歴史物『Panipat』（19未）は、一七六一年の第三次パーニーパットの戦いを扱い、マラーター軍とアフガン勢力の間の戦闘をめぐって展開する作品である。仇敵のアフガン王（アフマッド・シャー・アブダーリー）が、アフガン人というよりアラブ人に見える描かれ方をされ、人格的にも非情さが過度に強調されて、実年齢（四〇歳前後）を大き

『バジラーオとマスターニー』©Bhansali Productions ©Eros Worldwide

く上回る老人として登場する。何より、この戦いで敗北を喫し撤退を余儀なくされたのがヒンドゥー側（マラーター勢力）だったにもかかわらず、大軍を撃破したとして武勇が讃えられていることも史実から逸脱している（実際には対外勢力に敗北して戦死したのに、インド側の勇猛さが讃美された作品としては『マニカルニカ ジャーンシーの女王』［19］も指摘できる。イギリスと闘ったインド大反乱の女性指導者ラクシュミー・バーイーを主人公とする映画である）。国際メディアは、こうした歴史の改変をやり玉に挙げ、インドの映画産業が現政権に擦り寄っている証ではないかとまで批判している。アフガン勢力を残忍で冷酷なものとしてステレオタイプ化する傾向は『パドマーワト』、『Panipat』、『KESARI ケサリ 21人の勇者たち』（19）に共通するものだとのメディアの指摘もある。世界的に蔓延するイスラモフォビア（ムスリムへの恐怖・嫌悪の感情）も根柢にあるのであろう。

三番目に掲げた『KESARI』は、スィク教徒から成る軍隊がアフガンの大軍に勝利したサラガリの戦い（一八九七年）に基づくものだが、スィク教徒の移民が多いインドネシア・スマトラ島のメダン市に住む筆者の知人によれば、公開はされたものの速やかに上映が打ち切られたとのことである。ムスリムがネガティヴに描写されていることから、上映継続による混乱が懸念されたのであろう。

いずれの例にも通底しているのは、ヒンドゥー側のヒロイズムを礼讃し正義と正当性を擁護する姿勢である。それに対し、ムスリムの側はインドを脅かす外来者として規定され、卑劣さや悪辣さが強調される。こうした設定が、ヒンドゥー原理主義のテーゼと親和性を有することは言うまでもない（遡って国民会議派が政権を担っていた時代、それに忖度し、会議派の好む歴史的人物を主人公とする映画が多く作られたことも事実として指摘されなければならない）。いずれにせよ、ムスリムの誇りを前提としつつもムガルとラージプートの友好的関係を強調することも忘れなかった往年の『Humayun』（45未）のような歴史作品を、現代インドで期待することはもはや困難な状況にある。

印パ対立とインド映画

上に見たように、近年の歴史大作では、対峙する相手は（反英闘争時のイギリスを除いて）アフガン系のムスリム勢力というのが一つの定番になっている。しかし現代インドをめぐる敵対的な国家間関係を扱った映画においては、対立する相手がパキスタンとなるのは当然の成り行きである。その場合の焦点は「戦争」と「恋愛」である。前者に属する作品の代表としては、『デザート・フォース』（97）と『Deewaar: Let's Bring Our Heroes Home』（04未）を挙げることができる。『デザート・フォース』は、一九七一年の第三次印パ戦争を題材にした軍事映画である。この作品は、祖国への犠牲的な愛国心を讃えつつも、両軍の兵士があまねく戦死を遂げて砂漠に横たわるシーンが最後に映し出されることに象徴されるように、強い反戦メッセージをこめた作品と言うことができる。『Deewaar』も一九七一年の印パ衝突に関連する作品で、当時捕虜になったまま帰国できないでいる父親を奪還する息子の奮闘ぶりが物語られる。両作品とも、動かせない史実を前提としつつ兵士や軍隊の武勇を強調・誇張するという流れになり、相手の宗教であるイスラームそのものについては争点から遠のき、国家間の力のぶつかり合いの枠組みにおける愛国心の発露に焦点が定められる。『LOC: Kargil』（03未）、『Romeo Akbar Walter』（19未）、『Shershaah』（21未）などのヒット作もこの系列に含まれる。

インド軍とパキスタン軍が国境線を挟んで対峙する今の状況下において、たびたび娯楽映画に現れるテーマが「恋」である。国や宗教の相違を架橋する「男女の絆」を通じて、両国の和解や融和に向けたメッセージ性を発する一連の作品が製作されている。

例示すれば、古くは『Gadar: Ek Prem Katha』（01未）がある。分離独立時に二つの国に引き裂かれたヒンドゥー男性とムスリム女性が再び結ばれるまでの軌跡を描いている。『Veer Zaara』（04未）も国を異にする男女の愛情物語で、インドの空軍パイロットとパキスタン女性が、両国の政治的緊張に起因する諸問題を克服して恋の成就を果たすさまが描かれる。『タイガー 伝説のスパイ』（12）と続編『タイガー 甦る伝説のスパイ』（17）は、インド人スパイとパキスタンの女性スパイが恋に落ちて結婚し、人類愛に目覚めて大義のために協力していくという筋書きで展開する。『Raazi』（18未）では、一九七一年の印パ戦争時にパキスタンの軍人に嫁いだインドの女性スパイが、愛情と任務とのジレンマに苛まれ、身の危険を犯して人間性を取り戻していく過程が描かれる。

『タイガー』シリーズの新作『タイガー 裏切りのスパイ』公開中

同趣旨の心温まる作品に『バジュランギおじさんと小さな迷子』(15)がある。ハヌマーン神を熱心に信仰するインド人男性(ヒンドゥー教徒)が、迷子になったパキスタン人少女と出会い、さまざまな困難を経ながら国境を越えて家族との再会を実現させるという物語である。

国家や宗教の別を個人レベルの情愛の絆によって乗り越えようとするこうした作品群の中に、現政権への忖度をこととする近年のインド映画産業の、せめてもの良心の所在を見出したいと願わずにはいられない。

論考●

インド映画の女性表象

岡光信子

1. はじめに

映画は虚構の物語であるがゆえに、制作者が自己の主張を反映させることも社会情勢を投影させることも可能である。しかしながら、映画は、商業作品という一面があるため、作品を受け入れるオーディエンスの存在を無視することはできない。

インドで制作される映画は、ドキュメンタリー映画やアートフィルムのように映画祭でしか上映されないようなジャンルから、劇場公開を前提とする娯楽作品まで多種多様である。いわゆる「マサラ映画」は、インド映画の代名詞であるが、インドで制作される作品のひとつのジャンルに過ぎない。「マサラ映画」の特徴は、ヒーローやヒロインが歌って踊るシーン（ソング・アンド・ダンス・シークエンス）の挿入であるが、需要があるからこそこうしたコンテンツが組み込まれているのである。ソング・アンド・ダンス・シークエンスだけを取り上げてみても、そのコンテンツは決して一様ではなく、制作される時代とターゲット・オーディエンスが変わると内容も変わってくる。

同様に、インド映画で描写される女性像も一様ではない。なぜならば、時間の経過とともに社会は刻々と変化しており、それに合わせて映画のコンテンツも変容しているからである。ここでは、国内外で上映されかつ視聴可能なインド映画を対象とし、そこに描かれる女性像についてインド文化への言及を交えながら論じる。

2. 古典的な女性像

インドは、家父長制度の長い歴史を有し、封建的で男性中心主義的な社会と称されている。古代インドにおける法規、宗教、道徳、慣習を規定した「マヌ法典」は、女性のあるべき姿について、結婚前は父に従い、結婚後は夫に従い、夫の死後は息子に従うものと明記している。女性が独立することは認められず、男性と同じように財産を相続することはできなかった。つまり、女性は、常に男性の保護下にあり、自立できない存在と見なされていた。

伝統的な価値観において、男性は経済的に家を支える存在であり家長として意思を決定する権利を有するが、女性には男性と同様の権利が認められず、妻や母親として家庭を支えることが求められてきた。実社会において、ジェンダーによる役割分担は、家庭だけでなく教育現場でも繰り返し言及され、メディアの追従もあり、男性中心主義的な考えが支配的であった。

映画のコンテンツは、社会性を反映しており、オーディエンスが望む内容が組み入れられる。インド社会が封建的であればこそ、男性中心的な視点で描かれる作品が制作されるのである。基本的にインド映画は、男性を主人公にした男性中心的な作品が多数派を占め、女性は主人公の恋人や妻というような引き立て役であることが多い。そのような作品の女性キャラクターは、ステレオタイプ化したものになりがちである。ステレオタイプ化した女性キャラクターは、「マヌ法典」の中に規定されているような従順な妻、犠牲となる母親、男性に保護される若い女性などである。

ここでは、古典的な女性キャラクターが登場する作品として、ヒンディー語映画『炎』(75)について分析を行う。『炎』は、インド映画史において最も影響力のある作品のひとつとされており、黒澤明監督作『七人の侍』(54)に着想を得て、インドを舞台にリメイクされた話は有名である。

刑務所から釈放された二人の若者ヴィールとジャイは、元警察官の村長タークルに雇われ、村人を苦しめるギャングのガッバル・シンの捕獲を依頼される。村に滞在中、ジャイは、タークルの亡き息子の妻であるラーダーの姿を見て、その美しさに心を奪われる。ラーダーは、白いサリーを着用し、装飾品も一切身に着けず、夫が存命する既婚女性が許される赤い印を額に付けていない。彼女は、伝統に従って一目で未亡人であることが分かる装いをしているのだ。

時がたつつれ、ジャイとラーダーは、互いに惹かれるようになる。しかし、ヒンドゥー教においては、結婚は一生に一度とされている。たとえ若い女性が寡婦となったとしても、妻は夫に対する忠誠を死ぬまで貫ぬく義務があり、再婚は許されず、ひっそりと生きていくことが求められる。ここでは、ラーダーは、インドの伝統と規範を尊重する女性として描かれており、ジャイの愛を理解しているが、亡き夫への献身の誓ゆえにジャイの気持ちを受け入れられない。

この作品の主人公は、あくまでもヴィールとジャイという二人の男性である。映画のクライマックスは、男性主人公たちがギャングと対峙して繰り広げる死闘である。この映画自体が男性中心主義的に作られており、男性主人公が心寄せる二人の女性は、主人公を引き立てる二次的な存在にすぎない。特に、美しい未亡人ラーダーについては、彼女の自己犠牲が美化されており、寡婦となっても夫に忠誠を尽くす姿にはインドの伝統的な価値観と名誉が体現されている。『炎』がこうした古典的なイメージの女性をヒロインとするのは、制作された時代が寡婦となっても夫に尽くすラーダーのような女性を好意的に受け止めていたからである。

3. 自立する女性像

一九九〇年、インドは、湾岸戦争の勃発により深刻な外貨不足に陥り、経済が破綻寸前になった。一九九一年、インドは、外国資本の導入に踏み切り、社会主義的な計画経済から市場原理と競争重視の経済政策に舵を切った。経済の自由化は、経済活動を急速に活性化させるだけでなく、その副産物として社会に様々な変化をもたらした。

社会変化の波は、インド映画界にも影響を及ぼした。その一例が、経済政策の恩恵を受けたて誕生した新興の高額所得者で、彼らが新しいタイプのオーディエンスとして新たな市場を形成したのである。彼らは、海外生活を経験した者が多く、インドの伝統に固執せず、消費を旺盛に楽しみ、個人主義的行動様式を好むなど、今までにないライフ・スタイルを追従する集団である。彼らが好む映画のコンテンツは、従来のボリウッド・スタイルのようなものではなく、ストーリーが充実した作品である。

インド映画界は、社会変化だけでなく、それに伴って出現した新しいタイプのオーディエンスにも対応していく。こうした流れの中、ボリウッドでは、十八番のロマンス映画だけでなく、ストーリーがよく練られた作品も制作されるようになる。女性が主人公となる作品も生まれるなど、映画のコンテ

『マダム・イン・ニューヨーク』

ンツが多様化してきた。

特に、若いインディペンデント・フィルム・メーカーの中から、低予算ながらもオリジナルの脚本を使った秀作が生まれてくる。彼らの作品は社会問題をはじめとする現実的な内容のもので、初めから不特定多数をターゲットにせず、特定のオーディエンスに向けて作られたニッチな作品である。さらに、そうした作品の中から、インド国内外の映画祭で受賞するような優良な作品が誕生し、大きな成功を収めることも稀ではなくなっていく。

コンテンツの多様化の影響は、映画の女性キャラクターにも及び、男性の保護下に安住する従来の女性ではなく、自己を確立していく女性キャラクターが描かれるようになる。一例を挙げるならば、ある出来事がきっかけとなり、自分の人生を見つめ直す、女性に対する社会の偏見に屈することなく、自分の力で自己の道を切り開いてく女性キャラクターの登場である。つまり、自立する女性像である。

予算規模の大小にかかわらず、女性が主人公となり、自分自身で人生を選択することを描いた作品で、国内外の映画祭で受賞の栄誉に浴し、興行的にも大きな成功を収めた代表的な作品を以下に列挙する。それらは、ヒンディー語映画の『マダム・イン・ニューヨーク』(12)、『めぐり逢わせのお弁当』(13)、『ピンク』(16)、『シークレット・スーパースター』(17)、『Thappad』(20未)、マラヤーラム語映画『グレート・インディアン・キッチン』(21)である。

『マダム・イン・ニューヨーク』は、女性主人公のシャシの精神的な自立の物語である。彼女は、優しい夫と二人の子供と地方都市で幸せに暮らす主婦である。しかし、シャシは、家族の中で唯一英語が話せず、消極的になりがちでコンプレックスを抱えていた。ある時、シャシは、ニューヨークに暮らす姪の結婚式の手伝いをするために一人で渡米する。彼女は、そこで英会話学校に通い始め、英語力をつけるに従ってコンプレックスを克服し、自信を取り戻していくのであった。

『めぐり逢わせのお弁当』は、ボンベイ郊外のアパートに暮らす専業主婦のイラが夫の愛情を取り戻すために手作り弁当をダッバーワーラー（弁当配達業者）に託する物語である。しかしながら、イラが手間暇かけて作った弁当は、夫ではなく見ず知らずの初老の男サージャンのもとに誤配される。イラとサージャンは、弁当箱に手紙を忍ばせて文通を始め、会ったことがないけれども互いにひかれあうようになる。ある日、イラは、夫の浮気の証拠を摑む。彼女は、愛のない結婚生活に終止符を打ち、娘と二人でブータンに移住することを決断する。

『ピンク』は、実際にカルカッタで起こったレイプ事件にインスピレーションを受けて制作された作品である。若い三人の女性（ミナール、ファラク、アンドレア）は、実家を離れてアパートで共同生活をしている。彼女たちは、誰からも干渉を受けず、夜間に男性と飲酒するなど自由を謳歌している。しかし、レイプ未遂事件の被害者のミナールが殺人未遂犯として逮捕されると、彼女たちは窮地に陥るのであった。

同じアパートに住む老弁護士ディーパクは、ミナール達の苦境を知り弁護を引き受けることにする。ディーパクは、弁論の中で、女性は男性と同じ権利を有しているはずなのに、自立を望んだり、引っ越ししたり、飲酒したというだけで、女性だけを非難する時代遅れの風潮を批判する。さらに、ディーパクは、女性は男性の所有物ではなく、望まないことを強要されたとき「ノー」という言う権利があると明言し、女性が独立した人格を有することを力説するのであった。

『シークレット・スーパースター』

『シークレット・スーパースター』は、音楽を愛する少女インシアとその家族の物語である。彼女は、優しい母、可愛い弟を心から愛しているが、妻に暴力をふるう父親に怯えながら暮らしている。彼女は、ボンベイの音楽コンクールに参加を望んでいたが、父親の許可なしでは出場できず、代わりにブルカをかぶって「シークレット・スーパースター」と名乗ってYouTubeに歌をアップし、歌手として徐々に人気者になっていく。

音楽プロデューサーのシャクティ・クマールが「シークレット・スーパースター」に注目し、インシアにレコーディングをもちかける。インシアはレコーディングの見返りとして、クマールに弁護士の紹介を依頼する。それは、夫からの暴力に苦しむ母親に離婚を勧めるためであった。しかし、母親は家庭を守るために離婚を拒絶する。

その後、インシア一家は、父親の赴任先のリヤドに向かうためにムンバイ国際空港に到着する。父親は、インシアのギターをゴミと決めつけ捨てるように命令する。母親はこれまで夫からの暴力に耐えていたが、夫が娘の宝物をゴミと見なしたことで堪忍袋の緒が切れる。インシアの母親は、夫に離婚届を突き付けて、子供を連れて堂々と空港を出ていくのであった。

『Thappad』は、ある出来事をきっかけに、夫婦円満だと信じていた妻が結婚生活に疑問を抱くという話である。若くて美しい女性アムリタは、裕福な一族出身の男性ヴィクラムに見初められ、幸せな結婚生活を送っていた。ある日、自宅でのパーティーの最中、ヴィクラムが上司と口論になってしまう。アムリタが仲裁に入ったが、激高したヴィクラムがアムリタを皆の前で平手打ちする。

アムリタは非常にショックを受けるが、誰もアムリタのことを心配せず、世間体ばかりを気にしてアムリタに家庭を優先することだけを勧める。アムリタは、夫が妻を尊敬するならば平手打ちはしないと思うようになり、この結婚は幸福なものではないと確信する。実家に戻ったアムリタは、離婚を申請する。アムリタとヴィクラムは離婚をめぐって裁判で争うことになるが、最終的に和解して離婚が成立する。

『グレート・インディアン・キッチン』の主人公は、外国育ちでモダンな生活に親しんでいるダンス好きな女性である。彼女は、名家出身の男性とインドの伝統に従って見合い結婚をする。しかし、新婚生活は彼女が思い描いたものとは程遠く、婚家では男性が絶対的存在で、彼女は一日中家事をこなし、夜は夫の性的欲求を満たすだけの存在でしかなかった。彼女は、女性は自己の意思をもった独立した存在であり男性と同じように尊重されるべきと確信し、自分自身を取り戻すために、結婚生活に見切り

『グレート・インディアン・キッチン』©Mankind Cinemas ©Symmetry Cinemas ©Cinema Cooks

をつけ婚家を後にする。

4. 強い女性像

二〇〇〇年代、インド映画界では、視覚効果、音響デザイン、映画撮影など制作技術が飛躍的に進歩し、欧米と較べて遜色ない高品質の映画の制作が容易になる。同時に、インド映画市場は、インドに出自を辿る人だけでなく、インドの言語や文化に馴染みのないオーディエンスも獲得した。さらに、ヒンディー語だけでなく、南インドの言語（テルグ語、タミル語、カンナダ語、マラヤーラム語）で制作される映画の中から、巨額の予算が用いられる作品が出現する。インド映画の市場が広がり、オーディエンスが多様化するにつれてコンテンツも多様化し、自立する女性だけでなく精神的にも肉体的にも「強い女性」が登場する作品も制作されるようになる。

精神的にも肉体的にも「強い女性」を体現するキャラクターが登場し、かつ南インドの言語で制作された映画の代表格は、テルグ語映画『バーフバリ伝説誕生』(15)と『バーフバリ 王の凱旋』(17)の二本であろう。この二作品は、S・S・ラージャマウリ監督が架空のマヒシュマティ王国を舞台にして、そこで起こる権力闘争を描いた大作である。

『バーフバリ』二部作は、マヒシュマティ王国のアマレンドラ・バーフバリ王とデーヴァセーナ王妃の間に生まれた王子シヴドゥ（マヘンドラ・バーフバリ）の物語である。かつて、アマレンドラ・バーフバリはその人徳の高さゆえに国民に愛される人物に成長した。国母シヴァガミは、実の息子バラーラデーヴァではなく、王としての品格を兼ね備えたアマレンドラ・バーフバリを王に任命する。アマレンドラ・バーフバリはクンタラ王国の王女デーヴァセーナと結婚し、シヴドゥが誕生する。しかし、嫉妬に狂ったバラーラデーヴァの策略により、アマレンドラ・バーフバリは殺害され、デーヴァセーナは幽閉される。

成長したシヴドゥは、たくましい青年となり、美しい女性戦士アヴァンティカと恋に落ちる。アヴァンティカの一族はバラーラデーヴァの王国と敵対していた。シヴドゥは、アヴァンティカの使命が王妃デーヴァセーナの救出であることを知り、王妃救出のためにバラーラデーヴァに戦いを挑む。この間、シヴドゥは、自分がアマレンドラ・バーフバリ国王の息子であること、幽閉されている王妃が母親であることを知り、王位の奪還を目指すのであった。

『バーフバリ』二部作において、女性キャラクターはストーリー展開に欠かすことができない重要な役割を担っており、彼女たちは男性主人公の引き立て役ではない。さらに、中心的な女性キャラクターは「強い女性」を体現している。代表的なキャラクターとして、マヘンドラ・バーフバリの母であるデーヴァセーナ、国母シヴァガミ、マヘンドラ・バーフバリの恋人である女性戦士アヴァンティカを指摘できる。

デーヴァセーナは、クンタラ王国の王女でありながらも弓と剣の扱いに熟練した誇り高い女性である。彼女は精神的にも自立しており、強い意思を兼ね備えた優秀な戦士である。デーヴァセーナの強い性格は、自国が賊党に襲われた時、自ら弓を取り戦闘に加わるというエピソードに表れている。また、自分の体に触れようとした家臣の指を切り落とすなど、激しい一面も備えている。

シヴァガミは、知恵と強さと複雑な政治情勢を乗り切る能力を兼ね備えた女性で、次の王が決まるまで王国を統治する国母として登場する。彼女は、優れた洞察力と先見の明をもち、公平と正義の原則を守る真の統治者として描かれている。彼女は、アマレンドラ・バーフバリの育ての親でもあり、どのような犠牲を払っても王国を守ることを決意している。しかし、彼女は高いプライドと激しい気性をもつがゆえに柔軟性を欠き、そのことがアマレンドラ・バーフバリとデーヴァセーナの悲劇を招くことになる。

アヴァンティカは、最終的にマヘンドラ・バーフバリと結婚するヒロインとなる役どころであるが、ジェンダーに基づく役割分担を拒絶し、精神的にも肉体的にも強い女性として登場する。彼女は、バラーラデーヴァが支配するマヒシュマティ王国と戦う反乱グループに属し、弓の名手であるだけでなく至近距離での戦いに秀でた優秀な戦士である。彼女が自分の命を危険にさらしても戦うのは、純粋にバラーラデーヴァの悪政から人々を解放したいという正義感以外の何物でもない。

『バーフバリ』シリーズにおいて、重要な役割を担う女性たちは、独立心と主体性を兼ね備え、自分の人生の選択を他人任せにはしない強さをもち、武器の扱いにも長けた肉体的な強さを備え、まさに「強い女性」の代表と言える人物である。しかし、女性キャラクターは、単に強さだけでなく、他者を気遣う繊細さと優しさも有し、大きな目標のためならば自己犠牲を厭わない正義感の強い魅力にあふれる人物として描かれている。

5. まとめ

映画のコンテンツの分析において、映画が制作された時代を無視することはできない。インド映画の女性キャラクターが男性の保護下にあるのは、そうした女性が理想とされているに過ぎないのである。しかし、時間の経過とともに、女性の主体性や権利が重視されるようになると、専門職に就く女性、キャリアを追求する女性、目標に向かって行く女性、自我に目覚めていく女性、ジェンダーによる役割を否定する女性、離婚を選択する女性、夫以外の男性を愛する女性、スポーツを愛する女性、精神的にも肉体的にも強い女性など、様々な種類の女性が描かれるようになる。つまり、映画における女性像が多様化してきたのである。社会変化、価値観の多様化、女性のエンパワーメント運動、新しいオーディエンスの誕生、市場の拡大など様々な要因が複雑に絡み合い、多様な女性像が描かれるようになったのである。

特に、二〇〇〇年代以降、女性が主人公となる映画が徐々に制作されるようになってくる。そうした作品は、女性が直面する苦悩や葛藤を女性の視点から取り上げており、男性中心的な従来の映画とは趣が異なる。主人公の女性は、英知に満ち、困難に立ち向かう勇気と強さをもつだけでなく、他者を気遣う繊細さと優しさを兼ね備えており、オーディエンスの共感を呼び覚ましている。

インド映画は、時代とともに新しい表現を追求し、趣向が異なる作品を生み出す挑戦を続けている。そのうちのひとつが、女性の表象であり、ジェンダーに関する固定観念や規範から逸脱した女性の描写であろう。映画界は、圧倒的に男性中心的な構造をもつが、女性の映像作家が増加するにつれて、女性の視点を生かした作品が生まれていることも確かである。

インドは、封建的な社会だと言われているが、女性の首相インディラ・ガンジー、女性の大統領プラティバ・デーヴィーシン・パティルをはじめ、国を代表する重要な地位に女性が就任しており、女性の社会進出が早い段階から成し遂げられてきたという側面を有している。今後、インド映画界は、社会変化の影響を受けながら映画の中でどのように女性を描写するのか、その動向に大いに注目したい。

掲載作品
DVD&Blu-ray

『鼓動を高鳴らせ』

DVD発売中
提供：SPACE BOX
発売：フルモテルモ／販売：ハピネット
税込4290円／税抜3900円

『ヤマドンガ』

Blu-ray発売中
発売：JAIHO／販売：ツイン
税込5170円／税抜4700円

『バジラーオとマスターニー』

DVD発売中
発売・販売：SPACE BOX
税込4290円／税別3900円

『K.G.F：CHAPTER 1&2』

DVD & Blu-ray発売中
発売・販売：ツイン
DVD
（税込7040円／税抜6400円）
Blu-ray
（税込8140円／税抜7400円）

『プシュパ 覚醒』

8月7日Blu-rayリリース
発売：JAIHO ／販売：ツイン
税込5170円／税抜4700円

『ダルバール 復讐人』

DVD発売中
発売・販売：ツイン
税込4378円／税抜3980円

『ビギル 勝利のホイッスル』

DVD発売中
発売・販売：SPACE BOX
税込4290円／税抜3900円

『RRR』

DVD＆Blu-rayレンタル中
発売・販売：ツイン

『PATHAAN／パターン』

DVD &Blu-ray発売中
発売・販売：ツイン
DVD
（税込4378円／税抜3980円）
Blu-ray
（税込5170円／税抜4700円）

『ブラフマーストラ』

DVD発売中
発売・販売：ツイン
税込4378円／税抜3980円

【協力者一覧】
［スチル提供］
インド映画同好会
インドエイガジャパン／きろくびと
JAIHO ／ SPACE BOX ／ツイン

編者・著者プロフィール

【編・執筆】

夏目深雪（なつめ・みゆき）

映画批評家・編集者。多摩美術大学講師。アジア映画を中心に批評活動を行う。企画編集した共編著書に『インド映画完全ガイド』（世界文化社）、『アピチャッポン・ウィーラセタクン』（フィルムアート社）、『躍動する東南アジア映画』（論創社）、『ナチス映画論』（森話社）など多数。編著書に『岩井俊二』（河出書房新社）、『新たなるインド映画の世界』（PICK UP PRESS）、『韓国女性映画 わたしたちの物語』（河出書房新社）。

【執筆】（50音順）

宇田川幸洋（うたがわ・こうよう）

映画評論家。1950年東京生まれ。日本経済新聞、ときどきキネマ旬報に映画評を書いている。山田宏一との共著『新装版　キン・フー武侠電影作法』（草思社、2017）がある。大阪アジアン映画祭で毎年、ゲストのトークの司会をしている。

浦川留（うらかわ・とめ）

ライター。アジア映画全般および中国語ドラマ、特にアクション系・武侠系が好き。インド映画界の目下のお気に入りスターはシャー・ルク・カーン、ナワーズッディン・シッディーキー、ヴィジャイ・セードゥパティ。著書『香港アクション風雲録』（キネマ旬報社）、共著『武侠映画の快楽』（三修社）『映画秘宝EX 激闘！アジアン・アクション映画大進撃』（洋泉社）など。

❀岡光信子（おかみつ・のぶこ）❀

東北大学大学院文学研究科博士課程修了、博士（文学）。中央大学、東北学院大学客員研究員兼任。東北大学講師。インドおよび東南アジアにおいて、映画、食、服飾、宗教儀礼、宗教組織の社会貢献、インド系移民に関するフィールドワークを行う。著書に、『新版 インドを知る事典』、『アジアのハリウッド』（ともに東京堂出版）、『5つのスパイスで作るはじめてのインド家庭料理』（Amazon Kindle版）など。

❀坂川直也（さかがわ・なおや）❀

地域研究者。京都大学東南アジア地域研究研究所連携研究員。ベトナムを中心に、アジア圏の映画史を研究・調査している。共著書に『東南アジアのポピュラーカルチャー ～アイデンティティ・国家・グローバル化』（スタイルノート、2018）、『東南アジアと「LGBT」の政治 性的少数者をめぐって何が争われているのか』（明石書店、2021）など。

❀高倉嘉男（たかくら・よしお）❀

1978年、愛知県豊橋市生まれ。東京大学文学部卒。デリーのジャワーハルラール・ネルー大学でヒンディー語博士号取得。インド在住11年の後に日本に帰国。ヒンディー語映画を中心にインド映画の批評・研究を行う自称インド映画研究家。「アルカカット」のハンドルネームでも知られる。インド映画専門ブログ「Filmsaagar」管理人。インド映画出演経験あり。共著に『新たなるインド映画の世界』。現在、豊橋中央高等学校校長。

❀藤田直哉（ふじた・なおや）❀

1983年札幌生まれ。批評家。日本映画大学准教授。東京工業大学社会理工学研究科修了。博士（学術）。単著『新世紀ゾンビ論』『虚構内存在』『シン・ゴジラ論』『娯楽としての炎上』『攻殻機動隊論』『新海誠論』『シン・エヴァンゲリオン論』『ゲームが教える世界の論点』『現代ネット政治=文化論』、編著『東日本大震災後文学論』『地域アート』『らららほら』など。

❁古澤健（ふるさわ・たけし）❁
1972年東京生まれ。映画・テレビドラマの監督・脚本・撮影・VFXなど。主な監督作品に『ロスト☆マイウェイ』『making of LOVE』『ReLIFE リライフ』『一礼して、キス』『キラー・テナント』『STALKERS』『朝が来る』『鉄オタ道子、2万キロ』など。

❁真魚八重子（まな・やえこ）❁
映画評論家。朝日新聞、週刊文春CINEMA、夜リラタイム等に執筆中。著書に『映画系女子がゆく！』（青土社）、『映画なしでは生きられない』『バッドエンドの誘惑』（洋泉社）、『血とエロスはいとこ同士　エモーショナル・ムーヴィ宣言』（Pヴァイン）他。共著に『日本映画は生きている5　監督と俳優の美学』（岩波書店）、『別冊映画秘宝 決定版ツイン・ピークス究極読本』（洋泉社）他。

❁山下博司（やました・ひろし）❁
マドラス大学Ph.D.（哲学）。名古屋大学国際開発研究科助教授等を経て東北大学国際文化研究科教授、同名誉教授。タミル文献学、ヒンドゥー教、インド映画研究などに従事。現在は主に南アジア系移民社会のフィールドワークを行う。近著に『古代インドの思想』（ちくま新書）、『インド人の「力」』（講談社現代新書）、『ヨーガの思想』『ヒンドゥー教―インドという謎―』（ともに講談社選書メチエ）など。

飛躍するインド映画の世界

著 ――――― 宇田川幸洋、浦川留、岡光信子、坂川直也、
高倉嘉男、夏目深雪、藤田直哉、
古澤健、真魚八重子、山下博司

編集 ―――― 夏目深雪
造本 ―――― 矢野のり子(島津デザイン事務所)

発行日 ――― 2024年7月11日　初版第1刷

発行者 ――― 木田祐介
発行所 ――― 株式会社PICK UP PRESS
〒132-0034
東京都江戸川区小松川1-2-1-1005
印刷・製本 ―― シナノ書籍印刷株式会社

ISBN 978-4-910502-04-5　C0074

定価はカバーに表示してあります。

『飛躍するインド映画の世界』

正誤・追補表

ページ	位置	行数	本文	訂正・追補
003	右	3	【誤】適わない	【正】敵わない
003	右	4	【誤】風格では買っている	【正】風格では勝っている
013		17	【誤】PATAAN ／パターン	【正】PATHAAN ／パターン
015	下	9	【誤】二〇十九年に公開され	【正】二〇二〇年に公開され
017	左	14	【誤】ラーマ神の弟役でデビュー	【正】ラーマ神の役で主役デビュー
017	右	2	【誤】デビューから10年ほど経った	【正】主役デビューから5年ほど経った
017	右	4	【誤】『Aadi』(02)	【正】『Aadi』(02未)
017	右	4	【誤】『Simhadri』(03)	【正】『Simhadri』(03未)
017	右	11	【誤】『ブリンダーヴァナム 恋の輪舞』(11)	【正】『ブリンダーヴァナム 恋の輪舞』(10)
017	右	14	【誤】『RRR』(22)	【正】『RRR』(21) (以降の全ての記載を修正させていただきます)
021	左	7	【誤】2013年に長女が誕生	【正】2023年に長女が誕生
021	左	12	【誤】『Chirutha』(07)	【正】『Chirutha』(07未)
021	左	13	【誤】彼をスターに押し上げ、チャランの写真がグリコのパッケージに採用されるきっかけを作る。	【正】彼をスターに押し上げた。
			(ラーム・チャランの写真が江崎グリコ社の製品のパッケージに使われた事実はありませんでした。お詫びしてこの部分を削除します)	
021	左	16	【誤】『Orange』(10)	【正】『Orange』(10未)
031	左	16	【誤】マノージ・フィルムシティー	【正】ラモージ・フィルムシティー
031	右	6	【誤】1億7000万ルピー	【正】1億2000万ルピー
031	右	13	【誤】タミル語とヒンディー語にリメイクされている	【正】タミル語とヒンディー語とカンナダ語にリメイクされている
032	下	10	【誤】最初から二部構成で制作することを決めていたという。	【正】単一の作品としてスタートしながら、途中から二部作に変更になったという。
033	右	23	【誤】カルナータカ州は(中略)を原則禁じてきた。	【正】カルナータカ州内では(中略)が原則禁じられてきた。
033	右	28	【本文】不満も高まっている。	【追記】2015年から規制が緩和されつつあるが、吹き替え上映される作品は依然として本数がきわめて限られている。
034	脚注		【誤】アミタープ・バッチャン	【正】アミターブ・バッチャン
035	上	3	【誤】一八四七年に	【正】一八四六〜四七年に
038	上	1	【誤】『kaithi』	【正】『Kaithi』
038	下	6	【誤】難を逃れた、	【正】難を逃れたが、
038	下	13	【誤】頭目	【正】若頭
040	下	16	【誤】デリーでのインド選手権への出場権を獲得すべく	【正】デリーでの全国選手権で勝ち進むべく
041	上	14	【誤】結婚・出産	【正】結婚・妊娠
043	下	7	【誤】『Guru [グル]』(07未)	【正】『Guru [グル]』(97未)
044	左	3	【誤】223の言語	【正】22の言語
044	左	15	【誤】『Vigathakumaran』(1928未)	【正】『Vigathakumaran』(1928または30未)
044	右	6	【誤】アドゥール・ゴーパーラクリシュナン、G・アラヴィンダン、M・T・ヴァースデーヴァン・ナーヤルなどのプネーにある国立フィルム専門学校出身者たちが秀作を残した。	【正】アドゥール・ゴーパーラクリシュナンらプネーの国立映画・TV研究所出身者を中心に、G・アラヴィンダン、M・T・ヴァースデーヴァン・ナーヤルらが秀作を残した。
049	上	13	【誤】Balaji	【正】Sri Balaji
050	下	11/13	【誤】エア・デカン	【正】デカン航空
050	下	14	【誤】バレーシュ	【正】パレーシュ
051	上	16	【誤】エア・デカン	【正】デカン航空

ページ	位置	行数	本文	訂正・追補
051	上	21	【誤】『情熱のムリダンガム』	【正】『響け!情熱のムリダンガム』
053	上	3	【誤】ラージ	【正】ラジニ
053	下	19	【誤】期待にこたえるたちで	【正】期待にこたえるかたちで
054	左	3	【誤】グジャラート州	【正】マハーラーシュトラ州
054	左	6	【誤】映画商業会議所	【正】南インド映画商業会議所
058	下	10	【誤】フィルムを盗難して	【正】フィルムを盗んで
058	脚注		【誤】パヴェーシュ・シュリマリ	【正】バヴェーシュ・シュリマリ
059	下	7	【誤】デビット・リーン	【正】デビッド・リーン
060	上	17	【誤】アーンドラ・プラデーシュ州	【正】テランガーナ州
060	下	1	【誤】同州	【正】アーンドラ・プラデーシュ州
061	上	17	【誤】サンダル(ルビ)	【正】サンダルウッド
062	上	2	【誤】カースト制度	【正】カースト差別
062	上	13	【誤】知られおり	【正】知られており
069	右	14	【誤】日本語に吹き替えられたタミル語映画『灼熱の決闘』(48)	【正】タミル語映画『灼熱の決闘』(48)
069	右	24	【誤】『ボンベイ』	【正】『ボンベイ』(95)
071	上	5	【誤】都にいて	【正】都の近郊にいて
071	下	3	【誤】六曲	【正】五曲(サウンドトラックは六曲)
071	下	16	【誤】中性的	【正】中世的
075	上	2	【誤】『WAR!!　ウォー』	【正】『WAR　ウォー !!』
075	下	10	【誤】『WAR!!　ウォー』	【正】『WAR』
075	下	20	【誤】『WAR!! 』	【正】『WAR』
079	上	8	【誤】排外主義	【正】排他主義
080	上	17	【誤】『プシュパ 覚醒』(22)	【正】『プシュパ 覚醒』(21)
085	図	2段目 右端	【誤】ギーター・バリ	【正】ギーター・バーリー
085	図	3段目 左から 4人目	【誤】カンチャン・カプール(女優)	【正】カンチャン・カプール
086	上	4	【誤】サーマルト	【正】サマルト
088	図	右上	【誤】サーマルト家	【正】サマルト家
088	図	3段目 右端	【誤】クマールセーン・サーマルト	【正】クマールセーン・サマルト
088	図	3段目 右から 2人目	【誤】ショーバナー・サーマルト	【正】ショーバナー・サマルト
102		15/18	【誤】ジェーン	【正】ジェニー
103		10/15	【誤】ジェーン	【正】ジェニー
119		13	【誤】適わない	【正】敵わない
122	上	3	【誤】マーヴェル映画すらが	【正】マーヴェル映画すら
124	上	7	【誤】新たなに	【正】新たに
125	上	5	【誤】ビーマ	【正】ビーム
126	下	1	【誤】ジェシー	【正】ジェニー
129	上	3	【誤】ラーマは銃殺刑	【正】ラーマは射殺され
132	主要 参考文献	8	【誤】松岡環「記録更新中のインド映画「RRR」　研究者をうならせた細部の多様性」二〇二三年、朝日新聞	【正】〈参考資料〉朝日新聞二〇二三年三月一三日付「記録更新中のインド映画『RRR』　研究者をうならせた細部の多様性」(聞き手:日高奈緒)
134	上	13	【誤】一九三二年の『第一次上海事変』	【正】一九三二年に起きた「第一次上海事変」の十数本の記録映画

ページ	位置	行数	本文	訂正・追補
135	下	13	【誤】『Lal Singh Chaddha』	【正】『Laal Singh Chaddha』
142	下	12	【誤】『バルフィ!人生に唄えば』(11)	【正】『バルフィ!人生に唄えば』(12)
142	下	12	【誤】『ドナーはビッキー』	【正】『ドナーはビッキー／僕はドナー』
144	下	11	【誤】ヴィニート	【正】マニ
148	上	8	【誤】社会に影響への	【正】社会への
150	上	2	【誤】A・R・ラフマーンの生み出した	【正】A・R・ラフマーンが代表する
152		3	【誤】読み継つがれてきた。	【正】読み継がれてきた。
155		12	【誤】歌と踊りもなく、	【正】歌と踊りもあまりなく、
160		14	【誤】どうしても登場せざるを得ないわけです。	【正】どうしても登場させざるを得ないわけです。
161		7	【誤】『PK』	【正】『PK／ピーケイ』
161		8	【誤】非常に責めた映画	【正】非常に攻めた映画
162		14	【誤】ヒンドゥーベルト	【正】ヒンディーベルト
166		4	【誤】恋愛モノにも	【正】恋愛モノも
172		7	【本文】『ラガーン』は大ヒットというほどではなかったですよね。	【補足】『ラガーン』は日本では当時劇場公開されず、映画祭上映とソフト発売のみ
174		4	【誤】過去があったかな	【正】過去にあったかな
174		12	【誤】敵に圧倒的な戯画的には描かれるわけです。	【正】敵は圧倒的に戯画的に描かれるわけです。
174		16	【誤】戯画的なイギリス人が出しても、描きたい何かがあった	【正】戯画的なイギリス人を出しても、描きたい何かがあった
176		6	【誤】トラム・ゴドセ	【正】ナートゥラーム・ゴードセー
178		5	【誤】植民地化さわるわけですから	【正】植民地化されるわけですから
180		1	【誤】影響をどういったもの	【正】影響にはどういったもの
185	下	8	【誤】デリップ	【正】ディリープ
186	下	13	【誤】『Umrao Jaan』[81、06未]	【正】『踊り子』(81)、『Umrao Jaan』(06未)
190	上	9	【誤】『Garm Hava』(73未)	【正】『熱風』(73)
194	下	12	【誤】『LOC: Kargil』(03未)	【正】『レッド・マウンテン』(03)
195		3	【誤】『Gadar: Ek Prem Katha』 (01未)	【正】『ガダル～憎しみを超えた絆～』(01)
195		5	【誤】ヒンドゥー男性	【正】シク教徒の男性
195		14	【誤】『Raazi』(18未)	【正】『同意』(18)
195		17	【誤】危険を犯して	【正】危険を冒して
196		1	【誤】『バジュランギおじさんと小さな迷子』	【正】『バジュランギおじさんと、小さな迷子』
200	下	4	【誤】恩恵を受けたて誕生	【正】恩恵を受けて誕生
205	下	8	【誤】アマレンドラ・バーフバリ王	【正】アマレンドラ・バーフバリ王子
205	下	8	【誤】デーヴァセーナ王妃	【正】デーヴァセーナ妃
206	上	5	【誤】王妃デーヴァセーナ	【正】デーヴァセーナ
206	上	6	【誤】王妃救出	【正】救出
206	上	8	【誤】アマレンドラ・バーフバリ国王	【正】アマレンドラ・バーフバリ王子
206	上	9	【誤】王妃	【正】デーヴァセーナ

読者ならびに関係者の皆様方にご迷惑をおかけしたことを深くお詫び申し上げるとともに、謹んで訂正いたします。

株式会社PICK UP PRESS